Narratori

MARILÙ OLIVA

La Bibbia

Raccontata da Eva, Giuditta, Maddalena e le altre

SOLFERINO

SOLFERINO

www.solferinolibri.it

Published by arrangement with Loredana Rotundo Agency

ISBN 978-88-282-1634-6
Prima edizione: gennaio 2025

La Bibbia

Al mio papà e al suo manoscritto segreto

Dov'è andato il tuo amato,
tu che sei bellissima tra le donne?
Dove ha diretto i suoi passi il tuo amato,
perché lo cerchiamo con te?
L'amato mio è sceso nel suo giardino
fra le aiuole di balsamo,
a pascolare nei giardini
e a cogliere gigli.
Io sono del mio amato
e il mio amato è mio;
egli pascola tra i gigli.
Tu sei bella, amica mia, come la città di Tirsa,
incantevole come Gerusalemme,
terribile come un vessillo di guerra.
Distogli da me i tuoi occhi,
perché mi sconvolgono.
Le tue chiome sono come un gregge di capre
che scendono dal Gàlaad.
I tuoi denti come un gregge di pecore
che risalgono dal bagno;
tutte hanno gemelli,
nessuna di loro è senza figli.
Come spicchio di melagrana è la tua tempia,
dietro il tuo velo.
Siano pure sessanta le mogli del re,
ottanta le concubine,
innumerevoli le ragazze!
Ma unica è la mia colomba, il mio tutto,
unica per sua madre,
la preferita di colei che l'ha generata.
La vedono le giovani e la dicono beata.
Le regine e le concubine la coprono di lodi:
«Chi è costei che sorge come l'aurora,
bella come la luna, fulgida come il sole,
terribile come un vessillo di guerra?».

Cantico dei Cantici 1,10

Genesi

Eva

In principio Dio creò il Cielo e la Terra. Quello che nessuno poté vedere – perché allora niente esisteva eccetto Lui – fu l'effetto deflagrante, quando un'esplosione colò caldissima ai margini dell'Universo, e subito incredibilmente si compattò: l'esecuzione fece rilucere l'infinito. Per pochi istanti il tempo si fermò. Poi lo stesso riprese e, abituato a contrarsi e dilatarsi a velocità divina, rallentò.

Il mondo era disabitato e vuoto, le tenebre incupivano la superficie dell'abisso e lo spirito di Dio aleggiava pensoso sopra le acque.

La parola proferita fu l'inizio di tutto. Lui disse: «Luce sia». E luce fu.

Si espanse a raggiera un chiarore glorioso che l'Eterno provvide a separare dall'oscurità, lasciando che i due si imbrogliassero soltanto in evanescenti momenti ipnotici, come quando sopraggiunge il tramonto a confonderci con lo spettro della sparizione: alba e crepuscolo altro non sono se non luce e tenebra che tentano invano di sfuggire all'imposizione celeste.

Il secondo giorno Dio separò le acque, frapponendovi il firmamento: e quest'ultimo venne chiamato col nome struggente di «cielo».

Il terzo giorno Dio volle unire ciò che era liquido ed emerse l'asciutto: la terra si separò dal mare. Attraverso il Verbo il mondo si componeva. Distesa instabile, imprevedibile, maestosa. Maree irrequiete che scendevano e si alzavano come se non trovassero mai pace. Abissi ingannevoli e profondi, schiuma che appariva e scompariva frusciando furtiva, onde che si infrangevano a ritmo instancabile, sospinte da un movimento sinuoso, cadenzato. Poi la pace delle superfici piane, quasi immobili, sulle quali il cielo si specchiava con un inchino.

Dio sapeva che dentro il mare avrebbe custodito, assieme ad altri, anche il segreto della musica. L'acqua è il più mutevole tra gli strumenti musicali: sa divenire suono sottile, scroscio di cristalli, richiamo roboante, e dalla spira di una conchiglia può giungere l'antica risonanza di una caverna. Gli esseri che abitano in quelle dimensioni – pesci, molluschi, delfini e via dicendo – cantano, ma chi non è loro sodale non può saperlo. La musica, sotto la linea glauco-azzurra del mare, si propaga invincibile. Questo è uno dei motivi per cui le meduse non riescono a smettere di danzare.

Allora le meduse erano timide, la terra ancora brulla e Dio, che amava i colori tanto quanto la loro assenza, la volle verdeggiante, così come ai mari aveva regalato le sfumature dal cobalto al ciano, fino alle trasparenze azzurre. Il Signore regalò poi alla terra piante, fiori, verzure e graminacee: l'ambra delle pianure, il bruno dei monti e delle valli si punteggiarono, ogni arbusto, ogni fusto germogliava schiudendosi con un sorriso ed era facile riprodurre la propria specie: bastava che il seme cascasse.

Il quarto giorno Dio plasmò le stelle, splendenti e lontane, aggrappate con disperazione alla notte. Sfere di luce immaginifiche in girotondo nel cosmo, alle loro spalle uno sciame luminescente di pulviscolo, come tante lucciole appena nate. Inventò per noi le stelle, affinché le tenessimo come riferimento per le feste e come guida quando scompare il Sole. Ma soprattutto perché nessuno, guardando in alto, si potesse mai sentire solo.

Venne il quinto giorno e Lui volle che le acque pulsassero di vita, che lungo i torrenti guizzassero pesci dai riflessi iridescenti e che nei mari sconfinati scivolassero cetacei giganteschi, che tagliavano le profondità carichi del loro placido rumore acqueo. Anche il cielo doveva brulicare di vita e in un attimo pullularono, come petali che si dischiudono all'unisono in un campo fiorito, innumerevoli varietà di volatili, grigi e bianchi e corvini e sgargianti di colori, che planavano su colli e altipiani con la loro vista gagliarda, ignari della superba leggerezza che li sosteneva.

Ma ciò non bastava e il sesto giorno l'Eterno si sbizzarrì: la sua volontà fece scaturire rettili, armenti mansueti e belve selvagge, prodotte dal suolo, assegnando a ciascuno l'impulso di riprodursi. Egli era stato previdente, aveva pensato a tutto: senza un desiderio così impellente, nessuno avrebbe mai pensato di fondersi con un proprio simile.

Quindi Dio osservò la Terra e disse: «Ora voglio l'uomo, a mia immagine e somiglianza. Sarà una creatura destinata a dominare sulle altre».

Prese una manciata di fango, la modellò a sua misura, insufflò nelle narici lo pneuma vitale. Guardò il risultato e chissà cosa pensò. Per prima cosa era necessaria una benedizione, solo dopo spiegò come si sarebbe svolta la sua esistenza: «Fruirai di ciò che vuoi, ti regalo frutti e cereali, spighe e tuberi, potrai nutrirti di ciò che ti aggrada, mentre i ruminanti e gli uccelli si ciberanno di erbe e vegetazione. Tu farai la differenza: sarai tu a dare un nome a ciascuno di loro».

Così fu, però Dio sentiva che ancora mancava qualcosa di fondamentale.

L'uomo era solo. La noia lo avviluppava senza permettergli l'assuefazione alla dimensione eterea del tempo. Si guardava attorno come in attesa, una sottile inquietudine gli stava formando un groppo alla gola.

Sperando di liberarlo da quella sgomenta solitudine, il Signore lo fece cadere in un sonno profondo. Incise la sua pelle morbida, gli tolse una costola e richiuse la carne: con quell'osso modellò una donna e fu così che io nacqui. Ero già adulta, senza veli, la pelle diafana e il volto pieno di mille domande.

Mi batteva il cuore, alzavo e abbassavo il petto per compiere il rito di comunione col creato. In ogni istante entrava aria e riusciva fuori di me: era come se inalassi frammenti di universo e li restituissi dopo che mi avevano attraversata, respirare mi sembrava un meraviglioso prodigio. La prova pulsante della mia sussistenza e infatti il mio nome, Eva, rimanda al verbo «vivere».

Io e Adamo ci guardavamo incuriositi e con circospezione. Cos'era quel corpo in cui la nostra essenza si sentiva intrappolata, pur volendo straripare? Cosa significava il nostro essere inscritti nel miracolo della natura? Essere lì e non altrove, subire una forma, sottostare alla movenza delle gambe, delle braccia, rimanere così insolentemente attecchiti al suolo, come se catene invisibili ci attirassero nelle profondità della Terra, ricevere con gli occhi il mondo intero ma non poter raggiungere gli ibis alti nel cielo: chi eravamo noi due?

Questo significava dunque esistere?

Ci camminavamo di fronte a passi lenti, ruotando guardinghi, scoprendo – perché non lo potevamo sapere, non essendoci mai specchiati – quanto fossimo simili e differenti.

«Tu sei carne della mia carne e ossa delle mie ossa. Perciò...» sentenziò il primo uomo, che già aveva nominato tutte le cose, «...se io sono *ish*, uomo, tu sei *ishà*, donna.»

Dio non intervenne oltre, quella volta. Ciò che di strabiliante era avvenuto in sei giorni richiedeva una sospensione ed Egli si riposò. Quel momento andava normato. L'Immenso benedisse così il settimo giorno, affinché il riposo venisse custodito nei secoli dei secoli come momento sacro.

Il tempo scorreva come un regalo fatato, concentrato come non sarebbe mai più stato. Quello era il nostro tutto, certo non sospettavamo che potesse subire un mutamento. Non conoscevamo la morte, e quindi non ce ne curavamo. Pensavamo che la vita fosse come quelle farfalle immortali dalle ali magnetiche che brillavano di imperitura bellezza.

Io e Adamo ci trastullavamo nell'Eden, in un giardino collocato a oriente.

Dio vi aveva predisposto ogni pianta succulenta, piacevole al gusto e alla vista, ci dilettavamo a sbocconcellare di qua e di là, non c'era bisogno di lavorare la terra, perché tutto cresceva spontaneamente e in abbondanza. Le piogge duravano poco ed erano gradevoli, il caldo non ci offendeva e il nostro momento preferito era farci fasciare dal nero manto della notte, come protetti dalla madre che non avevamo mai avuto.

Anche il giorno si dispiegava ricco di stimoli. Eravamo due tasselli preziosi in un magico incastro. Il primo uomo osservava per ore quel paesaggio lussureggiante, ma ciò che scrutava con più circospezione era l'albero della conoscenza del bene e del male. Si ergeva in mezzo al giardino, accanto al fusto della vita. Certo, non era possibile non esserne attirati, data la sua maestosità. Però Dio ci aveva proibito di mangiarne i frutti e l'ordine era stato di una chiarezza spaventosa. L'obbedienza era l'unica alternativa, lo si captava dalla solennità della voce divina. Aveva parlato rivolto a Adamo, ma io sapevo che si riferiva a entrambi: «Mangia ciò che vuoi, ti ho regalato un giardino ricchissimo, hai l'imbarazzo della scelta. L'unico albero che non devi mai toccare è quello della conoscenza del bene e del male: se infrangi il mio divieto, morirai».

Cosa significava morire? Chiudere gli occhi e non muoversi più, come un sonno perpetuo? Stare immobili come le pietre? Cessare di roteare a braccia aperte, inseguendo l'aria e i grilli rumorosi? Non avremmo mai più spartito questo splendore che si svolgeva ovunque o saremmo in qualche modo tornati, magari sotto altre forme? L'ignoto della caducità suonava come una lontana minaccia di cui non ci curavamo.

Il mondo fluttuava come in un sogno, le tonalità del cielo e del mare ancora si rimescolavano con l'incertezza della prima volta. I venti soffiavano soavemente, soltanto nelle lunghe distese accennavano a diventare irriverenti e si schiantavano contro le torri rocciose appena innalzate. Nessuno ancora sapeva, nessuno sondava il grande mistero, tutto ciò che era bastava e, semplicemente, palpitava. La paura non era nemmeno un'insidia plausibile. Vivere significava lasciarsi attirare nel dolce abbraccio di una natura di cui ci fidavamo ciecamente. E, quando chiudevamo gli occhi, ci giungeva da terre remote la musica del mare.

Io non c'ero i primi cinque giorni. Ma so cos'accadde perché me lo raccontò il serpente, che tutto conosce. Lui lo scoprì origliando dagli altri animali – non possiede il dono dell'invisibilità eppure, col suo strisciare silenzioso, ne conosce l'inganno – e ciò che mancava lo stillò dalle mutevoli nuvole, dal magma incandescente, dalle placide pietre. Non certo da Dio, che non gli avrebbe risposto.

Il serpente – *nahas* – capì quale tesoro incommensurabile fosse la conoscenza, forse per questo mi invitò a infrangere il tabù. Ricordo bene i suoi occhi capziosi e scintillanti, quando mi chiese: «Davvero l'Immenso vi ha ordinato di non mangiare da alcun albero del giardino?».

«Possiamo assaggiare tutto quello che vogliamo. Ci

è stato negato di toccare soltanto l'albero della conoscenza, altrimenti moriremo.»

Il serpente si avvoltolò al tronco proibito, il suo corpo squamoso capace di assumere continue sinuosità era un enigma per me. Eppure non ho mai provato diffidenza verso la sua diversità, anzi: mi veniva voglia di toccarlo e scoprire se fosse liscio o ruvido. Le sue parole, comunque, così decise e suadenti, mi sembrarono irresistibili: «Che sciocchezza! Non morirete, anzi: se mangerete i suoi frutti riuscirete a scorgere oltre le cose, acquisirete la conoscenza e diventerete, come Lui, conoscitori del bene e del male».

Con quelle poche parole il serpente mi aveva spalancato nuove dimensioni.

Perché continuare a esercitarmi nell'arte della privazione?

Così, per la prima volta, mi accostai al luogo tabù. Sfiorai l'albero che avevo sempre scrutato con timore. Sembrava come gli altri, anche lui delizioso, dai frutti succosi e invitanti. Ne staccai uno e lo mangiai con piacere.

Giacché spartivamo tutto, volli condividere lo stesso svago con Adamo.

Per prima cosa scoprii che il serpente non mi aveva mentito: non eravamo morti. Non subito, almeno. Le gocce zuccherine ci colavano giù dal mento e una cosa era certa: mai ci eravamo sentiti così vivi. Mangiammo di gusto, ignari che tutto sarebbe presto mutato per sempre. Non fu per vergogna che unii le foglie di fico e composi la prima veste: fu un modo come un altro per provare ancora l'aderenza con la natura.

Quello che avvenne poi fu un distacco, come quando alle partorienti avrebbero tagliato i cordoni ombelicali per recidere il legame coi figli. L'Eden, infatti, era stato fino ad allora un grande accogliente utero, ma qualcosa stava per cambiare, lo si avvertiva nell'aria. Sentivo sulle spalle la premonizione del castigo. L'Eterno passeggiava nel giardino alla brezza del giorno, noi riconoscemmo che i suoi passi erano carichi di ira, perciò corremmo a nasconderci tra le piante. Era il primo incontro con la disapprovazione, eravamo disarmati.

Lui ci scovò e per primo si rivolse a Adamo, come sempre faceva: «Perché ti sei nascosto?».

«Sentendo che eri in giardino, ho avuto paura di essere nudo.»

«E tu come fai a sapere di essere nudo? Forse hai colto il frutto dall'albero proibito?»

«Me l'ha dato la donna!»

A quel punto Dio si voltò verso di me e chiese spiegazioni. Io ero sprovveduta e spaventata. Per la prima volta provai un sentimento di delusione e abbandono, come se Adamo mi avesse tradita. Mi dispiaceva tantissimo quel fraintendimento, così, stoltamente, non trovai nulla di meglio che deviare la colpa sul serpente.

Il Signore tuonò verso il rettile: «Maledetto serpente! Striscerai sul tuo ventre, mangiando polvere per il resto dei tuoi giorni! Io porrò inimicizia fra te e la donna, fra la tua stirpe e la sua stirpe: questa ti schiaccerà la testa e tu le insidierai il calcagno!».

Poi si rivolse di nuovo a me: «E a te moltiplicherò gli affanni e le doglie del parto. Soffrirai, la passione ti spingerà verso il tuo uomo, ma lui ti dominerà».

All'infrazione seguiva un male decuplicato. Bisognava ricomporre gli equilibri scardinati. Fu quindi la volta di Adamo, che forse pensava di averla scampata: «Anche tu verrai punito, perché hai dato ascolto alla voce della tua donna, mangiando dall'albero. La Terra sarà maledetta per colpa tua, ti affaticherai a trarne il cibo tutti i giorni della tua vita. Ti produrrà spine e triboli, avrai il pane da mangiare con il sudore della fronte fino a che tornerai alla terra da cui sei stato tratto. Polvere sei e polvere tornerai. Via!».

Non capivo. Cosa mai era accaduto di così terribile? Solo Lui e il serpente conoscevano la portata di quelle parole, io ero semplicemente stordita: dopo tanti istanti paradisiaci, venivamo rifiutati solo per un assaggio curioso. Come se il cielo si fosse spaccato a metà. Come se la terra si fosse aperta sotto i nostri piedi. Un gelido vento calò su di noi, mentre Lui ci allungò delle tuniche in pelle. Fummo cacciati esuli dal nostro utero, noi che – a parte il dolce sapore del frutto – non conoscevamo proprio nulla. Una volta fuori, ci voltammo sgomenti: a oriente dell'Eden Egli aveva posto dei cherubini che impugnavano una spada lampeggiante. Il messaggio era chiaro: se anche avessimo tentato di ritornare, essi ce lo avrebbero impedito.

Intuimmo cosa significa ineluttabilità. Avevamo perso l'illusione di completezza dei primi tempi. Ci guardavamo attorno e scorgevamo l'orizzonte frammentato: i ciuffi d'erba che un tempo ci erano sembrati un tappeto verde si rovinavano appena calpestati, finché si indoravano per poi appassire, le chiazze sui monti parevano cupe, le nuvole, sfinite dal vento, si dissolvevano in nome dell'effimero. Tutto si trasformava voracemente. Ora il caldo afoso ci toglieva l'aria, ora temporali improvvisi ci offendevano. Era un attimo ferirsi con delle sterpaglie o inciampare in un sasso. Scoprimmo le ferite sulla pelle e il colore intenso del sangue che sgorgava. Apprendemmo la cedevolezza del corpo, la percezione implacabile del dolore, l'assurda fragilità dell'involucro entro cui vivevamo schiacciati.

Una palla di angoscia rotolava nel petto. La felicità di un tempo fu relegata all'estensione di un fugace sogno e un po' alla volta divenne puro simbolo. Intoccabile e agognata. La derelizione le diede un calcio e ci fece gocciolare di sudore. Riconoscemmo l'afrore della putrefazione. La prima volta fu con una carcassa di volpe, la seconda una pecora quasi ischeletrita, che grondava caducità. La vita prima si irraggiava poi deperiva: quindi saremmo trapassati anche noi. Sobbalzavamo agli ululati degli animali, bastava un nonnulla per sconquassarci. Ci mancava il respiro dopo una lunga corsa, come se una mano odiosa ce lo stesse rubando. Ecco come ci aveva ridotti Dio: castelli di sabbia sul limitare del bagnasciuga. Non sentivamo più la musica del mare, perché la lontananza si era frapposta fra il creato e le nostre percezioni.

Era dunque questa la conoscenza del bene e del male, l'esito del sapore di melassa del frutto? Cercare disperatamente di soddisfare gli istinti per mascherare la mancanza di una tregua? O anelare a una tregua così fugace da rendere tormento tutto ciò che la precedeva e la seguiva?

Questa era la vita. Sprofondare nel dubbio, piangere, vivere cercando un ristoro, mentre il susseguirsi del tempo ci graffiava di nascosto. Mangiare altri frutti fu una consolazione. Dissetarsi all'acqua sorgiva, un'altra consolazione. La prima volta che io e Adamo ci conoscemmo per moltiplicarci fu un abbagliante sollievo, ora anche noi ci univamo come avevamo visto fare agli animali. Ma non bastò il piacere gocciolante della carne avvinta alla carne, poiché tutto, attorno, urlava decadenza.

Imparammo a convivere falciati a metà, come se una piena dovesse straripare all'improvviso su di noi. E la piena arrivò, devastante, quando i figli erano cresciuti.

Quanti anni avevano Caino e Abele quando avvenne la tragedia? Troppo pochi per essere ricordati. Caino, il primogenito, abile coltivatore. E Abele, pastore di greggi.

Avevamo insegnato loro a essere grati a Dio – oltre che suoi debitori – e la gratitudine prevedeva offerte. Ognuno di loro destinò in sacrificio a Dio ciò di cui disponeva: Caino i frutti del suolo, Abele i primi nati del suo bestiame, unti di grasso. Egli preferì i doni di Abele e non gradì quelli di Caino, che si sentì vittima di una grande ingiustizia. Perché era stata gradita l'offerta di suo fratello? Quale valutazione aveva stabilito il peso decisivo?

Caino era furente, si sentiva ingiustamente escluso e l'invidia per quella preferenza gli tolse il senno. L'Eterno si accorse quanto il suo sguardo fosse torvo e lanciò un monito: «Cos'è questa faccia? Stai attento: il peccato è in agguato come un demone. Cercherà di conquistarti, ma tu lo dovrai dominare».

Allora avvenne ciò che nessuna madre dovrebbe mai patire. Al di là del bene e del male, al di là della disperazione più tetra, c'è il dolore che chi genera deve patire quando perde la sua creatura. Dio avrebbe potuto risparmiarcelo, ma anche in questo consisteva la prima punizione: farmi affondare nel pantano più oscuro della palude chiamata vita.

Scoprii tutto dopo, riavvolgendo il filo del gomitolo.

Caino non ebbe mai il coraggio di confessarmelo.

Non mi disse che aveva proposto a suo fratello di andare assieme in campagna e lì lo aveva ammazzato con una mandibola d'asino affilata. Non ammise che avrebbe potuto fermarsi prima. Che il Signore – avendo osservato il misfatto – aveva voluto metterlo alla prova e subito dopo gli aveva domandato dove fosse suo fratello. Caino aveva risposto strafottente: «Che ne so io? Sono forse il suo guardiamo?».

Cos'hai combinato, figlio mio?

Come hai potuto, come?

Ho ripensato mille volte alla brutalità di quei momenti. Avrei voluto trovarmi lì con loro, frappormi all'atto empio, offrire il mio petto in cambio del fratricidio. Ma ormai era successo.

Stringevo senza speranza il corpo freddo del figlio perso per sempre e gridavo, dando forma coi singhiozzi alle fitte al cuore. Il dolore, quello più accanito e fuligginoso, ha la sagoma di una madre china sul figlio estinto. L'energia dei suoi movimenti ora divenuti immobilità, la tensione della giovinezza mortificata in pietra gelida. I tratti del viso tanto amati contraffatti nello sforzo del trapasso.

No, il Signore non avrebbe dovuto imporci questo. Essere abbrancati dalle mani ruvide della morte. Toccare le sue labbra senza sorriso.

Avevamo imparato le conseguenze della dipartita dal giardino sublime: ora ognuno era separato, carico dei propri fardelli, e la vita ci percuoteva senza pietà.

Ma non era finita qui. La maledizione divina giunse puntuale anche contro Caino, perché il peccato sapeva innescare catene inestricabili.

«Sento gridare dalla terra la voce del sangue. Ti maledico, vattene via dalla terra che ha spalancato la bocca per ricevere il sangue di Abele!»

«È così grande la mia colpa che non posso sperare nemmeno nel perdono? Mi cacci da questa terra ramingo e fuggiasco, così chiunque mi potrà uccidere?»

"Cosa te ne fai del perdono, figlio mio, ora che hai le mani irreparabilmente macchiate di sangue?" avrei voluto dirgli.

Dio pose su di lui un segno che lo proteggesse: «Non ti abbandono. Io non abbandono mai nessuno. Chiunque ti farà del male, subirà una vendetta sette volte maggiore».

Così persi in un sol colpo i miei due figli: Abele, vittima di un'invidia stolta, e Caino, che andò ad abitare nel paese di Nod, a oriente dell'Eden. Sparì senza sapere che mi aveva lacerato la pelle, il figlio superstite. Condannata a piangere tutti i giorni. Eppure lo avrei riabbracciato lo stesso, oltre ogni legittima condanna.

Seppi che Caino si sposò con una donna da cui ebbe un figlio, Enoch: ed Enoch fu il nome che mio figlio diede alla città da lui fondata. Enoch generò Irad e così proseguì la discendenza fino a che Mathusalem generò Lamech, che si prese due mogli, Ada e Zilla. Ada partorì due figli: Abel, il precursore di tutti coloro che abitano sotto le tende presso il bestiame, e Jubal, il predecessore di tutti i suonatori di cetra e di flauto, cioè di tutti i musicisti. Zilla, invece, partorì una femmina, Naama, e un maschio, Tubal-kain, padre dei fabbri che lavorano il rame e il ferro.

Quando io e Adamo concepimmo un altro figlio, sperai che si colmasse il vuoto per la mancanza dei miei prediletti. Ma era come se qualcuno mi avesse strappato via le gambe. Io continuavo a camminare, raccogliere frutti, strappare erbacce piegata in due, davanti al nostro covo. Nacque così Set, ovvero colui che «fu dato» da Dio, e Set a sua volta procreò. Quando io e Adamo divenimmo di nuovo genitori, avevamo centotré anni. Ne vivemmo altri ottocento: ultranovecentenni entrambi, straziati dalle pene che il tempo infligge agli arti e alla schiena, quasi ciechi: non vedevamo l'ora di conoscere la minaccia divina, la fine di ogni cosa, e invocavamo la Morte ogni mattina. Finalmente giunse, quando ormai era cominciata la dinastia dei patriarchi antidiluviani. Dieci nomi, da Adamo a Noè: Adamo, Set, Enos, Cainan, Malaleel, Jared, Enoch, Mathusalem, Lamech e Noè. Tutti vissero a lungo e quasi toccarono il millennio, tutti ebbero discendenti maschi e femmine che popolarono il mondo.

Dio, scontento per la malvagità dell'uomo, mandò un cataclisma sulla Terra: voleva distruggere le stesse creature che lui aveva creato, inclusi rettili e bestiame. Si era pentito di aver fabbricato l'uomo dal fango, non lo riteneva più degno dei regali elargiti. Lo osservava nauseato e si domandava come avrebbe potuto distruggere quei popoli che si abbandonavano alla corruzione sfrenata. Come mostrare loro il suo spropositato potere? La punizione gli sembrò di nuovo l'arma più efficace.

Disfarsi di tutti, tranne di una famiglia, quella di Noè, uomo giusto e integro che aveva tre figli: Sem, Cam e Jafet. Dio preferì parlare con lui: «Sta finendo l'era di questi mortali, o Noè, perché hanno inzuppato la Terra di violenza. Non ne posso più degli uomini! Costruisci per te un'arca in legno resinoso, dividila a celle per tre piani e spalmala di bitume dappertutto, deve essere lunga trecento cubiti e alta trenta. Oltre a un cubito per il tetto che costruirai. Vi porrai anche una porta dove vi riparerete: sto per mandare sulla Terra un tremendo flagello, un diluvio d'acqua che devasterà qualunque cosa abbia un alito di vita».

Noè lo ascoltava stupefatto, non si capacitava né della condanna né della scelta: come mai era stato preferito proprio lui, tra tanti uomini? I valenti nel cuore non si accorgono di esserlo. E non cercano ricompense. Nei suoi seicento anni di vita, Noè non aveva mai immaginato che potesse essere annoverato come uomo eccezionale.

Il Signore riempì quel silenzio con la sua imponente voce che sembrava coprire come una coltre ogni ramo, ogni anfratto: «Ti salverai perché sei un giusto e con te voglio stringere un'alleanza. Entrerai nell'arca con tua moglie, coi figli e le nuore. Imbarcherai anche volatili, bestiame, animali selvaggi e rettili, tutto ciò che è carne: dovranno essere un maschio e una femmina, affinché possano moltiplicarsi. Provvedi anche al vostro nutrimento e preparati: di qui a sette giorni pioverà sulla Terra per quaranta giorni e quaranta notti. Il diluvio sterminerà tutto quello che ho creato».

L'Eterno scomparve, l'altro eseguì e attese.

Finché nubifragio fu.

Il cielo si impregnò di un colore nefasto, come se la notte e la nebbia si fossero mescolate, e avessero segregato la luce in una grotta. Le cateratte sopra gli uomini si spalancarono in scrosci tremendi, eruppero le sorgenti, i fiumi balzarono impetuosi oltre il loro letto, congiungendosi con le cascate di pioggia. Noè e i suoi cari, chiusi dentro all'arca, divorati dal terrore, percepivano di stare altalenando sulle acque, in balìa dell'ira di Dio. Udivano i rumori spaventosi delle nuvole che esplodevano e a nulla serviva tapparsi le orecchie.

Giorni e giorni di sospensione, col cuore in gola, in cui non bastò, a conforto, cercare di ricordare le Sue parole di protezione. Nel momento in cui l'arca si sollevò oltremisura, fu chiaro che le acque avevano superato le vette dei monti. V'era qualcosa di terribilmente grande e ostile, qualcosa di incontrastabile e loro soltanto avevano ricevuto il dono della salvezza. Noè ne dubitò in diverse occasioni: quando l'arca si stava per ribaltare, quando tuoni roboanti sembravano voler distruggere quell'imbarcazione. Il diluvio durò molto più dei quaranta giorni preannunciati e sterminò ogni specie che avesse afflato di vita.

Quando persino Egli ne ebbe abbastanza, placò le nubi e i venti furiosi. Nel diciassettesimo giorno del settimo mese, la costruzione si posò sui monti dell'Ararat.

Le acque calarono di settimana in settimana, finché il primo giorno del decimo mese si avvistarono i picchi montani. Noè attese altri quaranta giorni per aprire la finestra e rilasciare il corvo. Ma il corvo tornò, quindi Noè dovette contare altri sette giorni e mandò in cielo una colomba. Anche lei riapparve, occorreva stare ancora rintanati nell'arca finché le acque non si fossero prosciugate. Dopo altri sette giorni la rilasciò e lei si fece viva solo sul far della sera, con una fronda di olivo novello nel becco: il segnale che qualcosa stava migliorando.

Il patriarca indugiò altri sette giorni, dopo di che lanciò in aria l'uccello: il fatto che esso scomparisse senza rincasare fu un buon auspicio. Noè scoperchiò l'arca e assaporò il profumo della terra bagnata, sentendosi inondato da un sollievo sconosciuto. Fu solo quando Egli gli accordò il permesso che lui ebbe l'ardire di uscire assieme agli altri e... che emozione posare il piede sul suolo! Tutto meritava di essere osservato come fosse la prima volta, e l'uomo capì che aveva sbagliato a considerare il mondo scontato.

Il cielo non era ancora terso, condensava nelle nuvole rarefatte gli indizi dell'alluvione. Anche i rami spezzati degli alberi urlavano ciò che era stato, così gli arbusti marcescenti e le carcasse degli animali. Le pozzanghere rimaste non intimorivano i passi. Nel silenzio più assordante, in una desolazione senza orme, senza versi né frinire, i superstiti scesero con cautela. Nessuno osò tirare un sospiro di sollievo, l'alito di Dio faceva grondare sudore a ogni passo.

Sentendo il terreno solido sotto ai piedi, si misero

a esplorare le nuove contrade, grati per questo regalo primitivo elargito dall'alto: essere sopravvissuti. C'erano soltanto loro. Loro e i rumori antichi della natura.

Noè edificò un altare in Suo onore e lì sopra offrì olocausti, immolando animali e volatili puri. Il sangue scorreva in Suo nome, mentre il fumo si incolonnava verso le nubi e io notavo quanto le sue spirali somigliassero a quelle del mio vecchio amico, il serpente.

Dio odorò la soave fragranza e cacciò dal Suo profondo ogni pensiero di distruzione. Il tempo delle maledizioni venne sospeso. La consacrazione su Noè e i suoi fu suggello di un'alleanza duratura. Dio riferì la Sua volontà: «Siate fecondi, moltiplicatevi e riempite la Terra. Avrete il potere su tutte le altre creature, disporrete di nutrimento e terre feconde, se voi saprete lavorarle. Serbate la vostra vita e la vostra condotta: io ne terrò conto. Se uno sparge il sangue del suo simile, il suo simile contraccambierà spargendo altro sangue. Non temete le nuvole: non vi flagellerò più con alcun diluvio. Porrò il mio arco nelle nubi come segno di alleanza tra me e la Terra».

I tre figli di Noè – Sem, Cam e Jafet – ascoltavano il divino eloquio, ripromettendosi buoni propositi. Lo avrebbero accontentato. Non avrebbero sgarrato. Tutto sembrava così calzante, lui si era dimostrato tanto generoso, l'entusiasmo li spingeva allo zelo. Quanti doni, dopo tanta incertezza! Con che strafottenza sarebbero potuti venire meno a quell'accordo?

Avrebbero seguito il comando di Dio, si sarebbero comportati bene. Coltivarono i campi, giacquero con le mogli con l'intenzione di ripopolare la Terra, accanto a loro concordia e osservanza, come ministre di condotta.

Poi però avvenne un episodio strano a turbare la loro buona volontà.

Noè aveva piantato una vigna e goduto dei suoi dolci frutti. Il vino era un elisir inebriante, difficile resistergli. Il vino, compagno dolcissimo e suadente, regalo delle vigne. Il vino prendeva per mano i sogni, ma talvolta celava delle insidie.

Noè svuotò l'otre e, inebriato dallo stordimento del dolce liquore, si denudò nella sua tenda dove per caso entrò Cam, padre di Canaan, che, allarmato, corse a raccontarlo ai fratelli. Sem e Jafet afferrarono un mantello, entrarono nella tenda del padre, per evitare di guardarlo camminarono a ritroso, quindi lo raggiusero e lo coprirono. Quando Noè scoprì che suo figlio Cam lo aveva visto senza vesti, scagliò contro suo nipote Canaan una maledizione, predicendogli che sarebbe divenuto schiavo per i suoi fratelli.

Queste sono le involuzioni dei miei discendenti, che io seguivo perplessa dall'alto dei cieli, domandandomi se un giorno l'uomo e la donna avrebbero ricomposto quelle reazioni illogiche in consuetudini sensate.

Cam, Sem e Jafet ebbero figli, nipoti, pronipoti e via dicendo, anche perché vissero in fertilità di generazione in generazione. Visto che invecchiare così a lungo era tanto faticoso, la vita dell'umanità man mano si assestò attorno ai centovent'anni.

Allora sulla Terra si parlava una sola lingua. Vagando nella parte orientale, i popoli capitarono in una pianura del paese di Senaar e lì si stabilirono.

Un po' alla volta uomini e donne si disabituarono a vivere nelle tende, perché impararono a fabbricare mattoni e cuocerli nel fuoco. Le prime dimore erano brulle e storte, ma col tempo migliorarono. Le case rudimentali ammonticchiate costituirono una città e qualcuno propose di innalzare una torre altissima, tanto alta da toccare il cielo. La Torre di Babele, il cui nome deriva da *bālal*, che significa «confondere». Ma a Dio quest'ambizione non piacque, sembrò spropositata, dunque pensò di ingarbugliare le menti sparpagliando gli idiomi, affinché le sue creature non potessero capirsi. Lui, che sapeva bene quanto la comprensione fosse fondamentale per non cozzare contro gli equivoci, generò il caos.

Si avvicinavano gli anni che l'uomo avrebbe datato come 3.000 avanti Cristo: gli anni in cui la nascita della scrittura avrebbe decretato la divisione tra preistoria e storia. Dal parlato al segno: ogni entità, ogni sasso, ogni sensazione erano stati definiti prima e circoscritti poi, attraverso segmenti, su tavolette d'argilla. Questo fu uno dei più grandi miracoli e il dato curioso è che fautrice ne fu l'umanità soltanto.

Di generazione in generazione, si giunse fino a Terakh, nella terra caldea di Ur, che discendeva da Sem. Terakh ebbe due figli: Abramo e Haran. Quest'ultimo ebbe come figlio Lot. Così Terakh decise che insieme al figlio Abramo, a sua moglie Sarai e al nipote Lot sarebbe andato via da Ur, verso Canaan.

Lasciarono le loro case e ripresero una vita nomade, montando e smontando le tende di pelle di dromedari e capre. Osservavo curiosa il girovagare di questa carovana: per quanto prevedibile, ogni esistenza elargisce il suo margine di sorpresa e qui la prima variazione fu la meta, giacché si fermarono a Kharran, in Mesopotamia, dove si stabilirono. Almeno per qualche anno, perché, se c'è qualcosa che mi ha insegnato il folle susseguirsi di esistenze, è che nulla è per sempre.

Agar

1800 a.C. circa

Mangiavo polvere da sempre, dietro ai muli e alle ruote dei carri, del resto ero soltanto una schiava. *Corri! Vieni! Presto!* Conoscevo solo ordini impartiti. Mi era ben chiaro che non valevo nulla se non il tempo di accontentare la mia padrona. Le appartenevo come uno scialle, come una gemma, e venivo considerata ormai qualcosa di scontato. Non ero nessuno perché non possedevo né un passato né una storia da raccontare: l'unica cosa che avevo percepito, quando ero piccola – e l'avevano buttata lì con disprezzo –, erano le mie origini egizie. Credevo in altri dèi e sospettavo che persino loro mi avessero abbandonata. Del resto, il mio nome significa «la straniera». Ero straniera nella terra di nessuno, giacché il capofamiglia non aveva ancora deciso dove stabilirsi: la mia era dunque la condizione peggiore.

La padrona si chiamava Sarai ed era la moglie del patriarca Abramo. Aveva un portamento regale, così vociferavano in giro, oltre a rimarcarne l'indescrivibile bellezza. Slanciata, mora, occhi neri e profondi, zigomi alti, ventre snello, seno invitante, gambe lunghe, caviglie sottili, pelle color nocciola. Forse perché io ero piccolina, i suoi occhi viaggiavano sempre un cubito sopra la mia testa, anche quando mi rivolgeva ordini spiccioli, che non si aspettavano alcuna replica. Io ero l'estensione delle sue disposizioni. *Prepara la farina! Lava le vesti! Va' a staccare dai rami i fichi maturi!* Ogni tanto mi gettava un'occhiata per spiare la mia reazione, giusto quando si divertiva a indossare la sua collana di pietre preziose e si specchiava in una pozza d'acqua. Ma a me non interessavano i suoi tesori né il suo splendore. Io avrei soltanto voluto vivere senza sfinirmi di lavoro.

Non avevo canoni per capire quanto fosse avvenente, ma quando partimmo da Kharran verso Canaan, suo marito le ingiunse di non mostrarsi in pubblico, per non suscitare il desiderio degli stranieri. Lei si affacciava dal carro scostando la tenda e talvolta il velo le scivolava giù, oltre le spalle, mentre il sole rendeva ancora più lucenti i suoi capelli scuri. Nessun uomo mai ha distolto lo sguardo, una volta incrociate le sue forme. Nessuno era riuscito a staccarsi dalla sua immagine, fino a che lei scompariva inghiottita dalla strada polverosa. Allora forse era vero ciò che si diceva di lei.

"Ma cos'è la bellezza?" mi chiedevo. Era Sarai, dunque, che definiva la norma di tale potere? Perché era così importante per una donna? Captai che costituiva un potere incommensurabile, se rendeva la mia padrona così sicura di sé. Teneva nel pugno destro suo marito Abramo e ne avrebbe potuti tenere nel pugno sinistro altri cento. Sgranava i consensi sbattendo gli occhi, le bastava camminare per esercitare il suo magnetismo. Quindi essere bella significava tenere avvinghiati a sé i maschi con dei fili invisibili?

Le donne che non figliavano venivano considerate inutili, ma per Sarai era diverso. Abramo la adorava e chiunque gravitasse attorno al nostro clan sapeva che avrebbe dovuto portarle deferenza.

Qualche volta la invidiai, lo ammetto. Più per il rango che per l'aspetto. Lei non aveva mai provato la fatica. Io correvo come una mula da un pozzo all'altro, sfamavo gli animali, intenta alle faccende ascoltavo le sue lamentele. Il fatto che non giungesse un figlio la affliggeva. Aveva una lunga dimestichezza col riposo, coi pomeriggi oziosi, ma più si distendeva più la sua battaglia interiore la pungolava: forse per questo il suo nome significava «la litigiosa»? Dormiva su un giaciglio comodissimo, che avrei cambiato col mio panno a terra in cambio dei miei occhi. Sapeva che tutto le sarebbe stato elargito solo sbattendo le ciglia, così si limitava a esistere ed essere ammirata.

Di sera assistevo ai racconti del mio padrone Abramo, che nella comunità era assai ossequiato. I momenti più mistici erano quando ci narrava come l'Immenso gli si fosse rivelato, prescrivendogli la circoncisione per lui e per tutti i maschi della tribù. L'alleanza prevedeva anche una destinazione precisa.

«Io farò di te una grande nazione» gli aveva detto. «Ti benedirò e renderò grande il tuo nome. E maledirò chi ti maledirà. Vai alla terra di Canaan, dove non è arrivato tuo padre, e non importa se già vi abitano i cananei: lì sarà la tua discendenza.»

Non era in discussione se io li dovessi seguire o meno, quando fu il momento della partenza. *Hai preparato il forziere? Hai piegato il mantello? Siediti e riposati un attimo, forse sei stanca?* Sarai apprezzava il fatto che nel lavoro mi spendessi più degli altri.

Abramo eresse un altare al Signore. Aveva settantaquattro anni quando lasciò Kharran e si diresse coi suoi averi e il personale acquisito alla terra di Canaan, laddove suo padre non era mai giunto. Dietro a cammelli e a carri improvvisati, la tribù che il patriarca aveva radunato si spingeva con un incedere flemmatico e a nessuno interessava che noi schiavi, in fondo e a piedi, arrancassimo sfiniti. Sarai mi chiamava solo nei pressi dei ruscelli, quando voleva che le attingessi l'acqua. O per sorreggerle la veste quando scendeva per espletare quegli stessi bisogni che noi schiavi svolgevamo di corsa, restando indietro, e pagando quella sosta con una corsa per raggiungere gli altri.

Attraversammo il paese fino a Sichem, dove vivevano i cananei, poi ci muovemmo verso il monte che è a oriente di Betel e anche lì il patriarca omaggiò il Signore con un altare nuovo e altri sacrifici. Seguivo le scie di sangue degli animali sgozzati scendere e annaffiare il terreno come una pioggia sacra.

Giunti nel Negheb, noi ultimi cercammo ristoro. Eravamo spossati. Sperai che la fermata durasse a lungo, ma non trovammo pace nemmeno lì, poiché, poco dopo, i luoghi vennero funestati da una carestia. Carestia significa paura, significa che noi schiavi eravamo tormentati dai morsi della fame, perché, quando scarseggiava il cibo, eravamo i primi a esserne privati. Ci cibavamo di qualsiasi cosa trovassimo. Bucce di frutti scartate, erbacce, fusti del farro. Persino formiche. Delle volte mi girava la testa e dovevo appoggiarmi a un albero. Non mi allarmava vedere che stavamo perdendo i più vecchi e deboli e che forse di lì a poco sarebbe toccato a me stramazzare al suolo: quella vita di stenti non mi lasciava forze.

Abramo decise di migrare in Egitto e riprendemmo il cammino, tra strade impervie. Fu dopo aver portato una bacinella d'acqua a Sarai che udii qualche stralcio della loro conversazione. Lui le disse sottovoce, affinché nessuno sentisse: «Sarai, tu sai di essere una donna bellissima».

«Me lo ripeti spesso, marito mio.»

«Stiamo andando in una terra dove la bellezza ha un grande valore.»

«Come ovunque, del resto.»

«Non passerai inosservata tra gli egizi.»

«Cercherò di non farmi vedere.»

«Prima o poi qualcuno ti noterà, Sarai, non possiamo contare su questo. E quando sapranno che sei mia moglie, pur di averti mi uccideranno.»

«E allora come potremmo fare?»

Qualcuno passò accanto a me e, per non far scoprire loro che stavo origliando, restai indietro qualche passo, perdendomi la parte più succosa della conversazione. Cosa si erano detti, che piano avevano orchestrato?

Nella contrada straniera le cose cambiarono. Finalmente cibo in abbondanza. Potevamo pescare dalle ubertose sponde del Nilo e rifocillarci in botteghe dove realizzavano pani d'orzo in stampi tondeggianti. Quando avevo voglia di qualcosa di dolce, andavo a cercare un dattero e mi sentivo una regina.

La vera regina, però, restava Sarai. Si muoveva come se la sua capanna fosse un lussuoso palazzo. Si sparse in giro la voce del suo splendore e vennero messaggeri del faraone per condurla da lui. Allora scoprii cosa si erano detti lei e suo marito, quel giorno.

Gli ambasciatori vollero parlare direttamente con Sarai e per prima cosa le chiesero chi fosse. Lei così rispose quando loro indagarono in che rapporti fosse col capo tribù, Abramo: «Sono sua sorella».

«Allora devi venire con noi.»

Sorella? Abramo aveva accettato che la scambiassero per sua sorella?

Fummo in tre ad accompagnare Sarai in qualità di ancelle. Io ero la più assidua, quella che lei chiamava più di frequente, in un certo senso la sua preferita, se così si può dire. Mi sceglieva perché ero mansueta, svelta e non la offuscavo con la mia figura scialba. Ero piccola, priva di elementi di rilievo annoverati tra le qualità che definivano la declamata bellezza: avevo i capelli arruffati, la pelle arsa, gli occhi spenti. Ma ero solerte e non mi lamentavo mai.

La reggia in cui entrammo mi sembrò il paradiso. Mi raccontarono che non era il palazzo reale, dove il re viveva con la sua consorte e i suoi figli, no: quel posto si chiamava *ipet-nesut* ed era un harem, un luogo di donne che, come fiori da scegliere in un prato, oziavano a disposizione del faraone, attendendo soltanto di essere colte.

Al centro di una sala dalle ridondanze auree, troneggiava una fontana da cui scendevano rivoli purissimi, che sorpresa: lì non occorreva nemmeno andare alla pozza per procurarsi l'acqua! Nei lunghi corridoi ai cui lati erano disegnate, con tratti neri e rossi, dinastie remote, immortalate di profilo, ogni tanto ci si imbatteva in un tavolo sul quale erano disposti piatti d'argento colmi di frutta: carrube dolcissime, uva e mandorle. Di tanto in tanto rubavo qualcosa di soppiatto, consapevole che quelle leccornie fossero destinate a palati più nobili del mio.

Quando Sarai fu annunciata al cospetto del faraone, io mi aspettavo che svenisse o che implorasse di essere lasciata in pace. Invece lei si inginocchiò di fronte a quell'uomo vestito in maniera così diversa da noi, con un gonnellino a pieghe di lino e una barba posticcia attaccata al mento, intrecciata a nastri turchesi, dello stesso colore del suo bastone ricurvo, dipinto a righe. Muoveva il braccio con solennità, io non ero calamitata tanto dai bracciali ai polsi quanto dall'enorme amuleto di lapislazzulo sul petto. E quando si voltò per congedare i presenti, feci fatica a credere che, apposta sotto la sua schiena, ondeggiava la coda di toro.

Mi ritirai intimidita ma cominciai a osservare la mia signora anche nei giorni seguenti, quando si pettinava i lunghi capelli corvini nel salone delle donne: non riuscivo a capire a cosa pensasse. Lì era una meraviglia tra tante meraviglie. C'era la bambina dagli occhi a mandorla rapita in estremo Oriente, una statua di ebano dai capelli ricci ricci e dalle guance tatuate con segni tribali, poi una donna altissima col collo da giraffa e una pigmea più bassa di me, ma dal viso stupendo. Nell'harem soggiornava persino una bionda con gli occhi azzurri trovata nel paese più a nord mai esistito, di cui il faraone si faceva vanto.

Abramo intanto abitava in una casa nei paraggi, non poteva accedere al nostro *ipet-nesut*, ma riceveva ricche prebende, oltre a schiavi e schiave, asine, cammelle e altro bestiame.

Io non potevo lamentarmi, rubacchiavo cibo a volontà, bevevo birra ogni sera e una serva del visir mi aveva preso a benvolere, quindi talvolta mi allungava un dolce molto amato dal faraone, le spirali dolci: volute di frittelle realizzate con farina e ricotta, poi cosparse di miele e sesamo.

Non avrei mai rinunciato a quell'esistenza ovattata. Ma Dio captò la corruzione, non andava bene ciò che stava accadendo.

Il Suo dissenso giunse sotto forma di calamità: le piaghe si abbatterono sulla casa del faraone e subito qualche malalingua avanzò l'ipotesi che fosse colpa della straniera venuta da Canaan. Così il sovrano, tanto suggestionabile all'idea delle maledizioni, mise Sarai alle strette e non impiegò molto a spremerle la verità.

Il grande re sprizzava fuoco e fiamme. Come aveva potuto il patriarca prendersi gioco di lui così spudoratamente? Subito lo convocò e gli chiese spiegazioni: «Cos'avete combinato, sciagurati! Mi avevate detto che era tua sorella, mi avete imbrogliato!».

Abramo temeva che si avverasse la sua paura, che venisse ucciso. Stette in silenzio, finché l'altro esclamò: «Riprenditi tua moglie e vattene!».

Tornammo nel Negheb col cruccio in volto. Per un tratto fummo anche scortati. Ognuno aveva perso qualcosa. Io la mia serenità, il mio dolcetto al miele e la mia birra serale, gli altri servi la certezza del desinare, Sarai la malìa negli occhi. Però Abramo era rincuorato, aveva avuta salva la vita. Se ne tornava verso il Negheb con la moglie e con il nipote Lot e la comitiva di servitù. Era divenuto ricchissimo, perché nessuno dei doni elargiti era stato chiesto indietro: bestiame, argento e oro. Alla fine, il faraone si era rivelato un uomo più generoso di quanto i pregiudizi lo avessero dipinto.

Giungemmo a Betel, esattamente dove il patriarca aveva eretto un altare, paese in cui abitavano sia i cananei sia i ferezei. Ma anche Lot aveva buoi, pecore e tende, e tutta quell'abbondanza generò discordia, perché i pastori di Abramo litigarono per il territorio con quelli di Lot. Abramo cercò un accordo, invitò il nipote a scegliere un posto dove stanziarsi, e poi lui sarebbe andato altrove.

A Lot bastò uno sguardo per vedere il panorama mozzafiato che anelava: indicò la valle del Giordano, lussureggiante come il giardino dei progenitori, ubertosa di querce, ginepri, cedri libanesi e tinteggiata dei colori diversi degli oleandri, coi suoi corsi d'acqua cui si abbeveravano cicogne e pellicani. Lot piantò le tende vicino a Sodoma, senza sapere che in quella città si covava la dissidenza. Per questo Egli parlò ad Abramo: «Alza gli occhi a settentrione e a meridione, a occidente e a oriente di questo posto: tutto ciò che vedi sarà tuo. E farò la tua discendenza come la polvere di questa terra: avrai tanti pronipoti quanti sono i granelli che potresti contare».

Abramo ascoltava con volto incredulo. Tutto questo gli sembrava impossibile, forse Lui aveva dimenticato che sua moglie era sterile, da dove sarebbe giunta quella folla innumerevole? Ma non osò obiettare, andò a stabilirsi alla quercia di Mambre, vicino a Hebron, e lì edificò un altro altare a Dio.

Alcuni re d'Oriente attaccarono Sodoma e Gomorra per accaparrarsi le loro ricchezze e capitò che Lot venisse condotto via come prigioniero. La situazione era tremenda, la valle di Siddam era un susseguirsi di pozzi di bitume e persino i re di Sodoma e Gomorra vi caddero dentro, mentre cercavano di fuggire. Gli altri si rintanarono sulle montagne.

Io non capii come mai Abramo volle correre in aiuto di suo nipote. In fondo Lot era stato un grande opportunista. Si era aggregato a noi perché gli mancava un padre, ma non aveva esitato a separarsi dalla tribù quando aveva adocchiato la Valle del Giordano, con i suoi gatti delle sabbie e le volpi del deserto dalle lunghe orecchie. Il patriarca organizzò un esercito valente composto da trecentodiciotto schiavi con cui inseguì i nemici fin oltre Damasco. Trionfò sugli avversari e tornò a casa col nipote, riprendendosi ricchezze, uomini e donne. Persino Melchisedek, re di Salem, benedisse Abramo e gli offrì la decima parte di ogni suo avere, in quanto vincitore.

Abramo aveva bisogno di riflettere. Ma soprattutto voleva starsene un po' solo con Dio. Che non si fece attendere: gli comparve in sogno.

«Io sono Dio, colui che ti ha fatto uscire da Ur dei Caldei e ti ha concesso il possesso di questo paese. Prendi una giovenca di tre anni, una capra di tre anni, un ariete di tre anni, una tortora e un piccione.»

Gli spiegò come procedere e Abramo obbedì. Tranne i volatili, divise gli altri animali in due parti uguali. Gli uccelli tentarono di calare sulle carogne, ma Abramo li cacciò. Quando giunse il tramonto, il patriarca stava cedendo al sonno, eppure fu proprio sul limitare del sogno che Dio gli svelò il futuro.

«I tuoi discendenti dimoreranno come forestieri in una terra non loro, dove saranno oppressi in schiavitù per quattrocento anni. Ma io flagellerò la nazione che essi hanno servito! Quando se ne andranno, si porteranno dietro grandi ricchezze. Tu invece vivrai in pace e verrai sepolto dopo una felice vecchiaia. I tuoi discendenti della quarta generazione torneranno qui, perché non è ancora giunta al culmine l'iniquità degli Amorrei. A loro io consegno questo paese, dal torrente d'Egitto fino al grande Eufrate.»

Trascorremmo dieci anni stanziati nella terra di Canaan, il tempo si succedeva tra incombenze e spicchi di riposo che mi sembravano sempre troppo brevi. Talvolta Sarai se ne accorgeva e mi invitava a fare una sosta. Forse pensava che mi stessi riposando quella volta in cui invece assistetti di nuovo a una conversazione privata tra marito e moglie.

«Come potrò darti una discendenza se il mio ventre è sterile?» domandò Sarai ad Abramo.

«Non lo so. Forse Lui ci farà un dono.»

«Guarda in faccia alla realtà. In tutti questi anni di matrimonio, non abbiamo mai avuto figli.»

«E dunque?»

«Prenditi la mia schiava Agar. È una brava ragazza, solerte e obbediente. Metti il tuo seme dentro di lei. Forse così potrebbe arrivare il dono che tanto aspettiamo.»

Avrei voluto correre via. Eppure le mie gambe si erano fatte di pietra, dietro la tenda di pelle di capra e dromedario.

Perché l'aveva fatto, perché l'aveva indirizzato proprio a me? Forse per altre questa sarebbe stata una grande opportunità. La legge babilonese lo prevede da sempre: se una donna è sterile, il marito può scegliere una seconda moglie, magari su suggerimento della prima. Eppure io non sarei mai uscita fuori dal mio nido sicuro.

Lui, impaziente di accontentarla, giunse da me. Io, come ero abituata a fare, piegai la testa. Mi lasciai denudare. Non gridai al dolore. Non piansi: il mio volto una maschera inespressiva, dovevo ricordarmi che ero soltanto una schiava. Mentre giaceva con me, lui fissava il vuoto e pensava alla sua bellissima consorte.

Una condizione che le altre schiave mi invidiavano, eppure, ogni volta che lui scivolava via da me, iniziavo a piangere. Bastò che io restassi incinta e il patriarca cessò di farmi visita. Allora il mondo si rigirò. Fin da piccola sapevo di trovarmi immersa in una società da decriptare. Non capivo l'importanza conferita alla bellezza né perché la procreazione fosse considerata così importante per il successo di noi donne. Percepii però subito che la mia gravidanza mi stava ponendo in una condizione privilegiata. Nel mio ventre custodivo la discendenza tanto agognata e questo mi conferiva dignità. Non mi era mai capitato nulla di così inconsueto nella vita. Eppure questa volta la vita mi lusingava. Ero avanzata di qualche gradino nella scala sociale. Non dovevo più sudarmi il nutrimento. Venivo trattata con un certo riguardo. Potevo anch'io spalmarmi sul giaciglio e osservare il trascorrere della giornata. Ma soprattutto potevo gustarmi la mia vendetta. Ma, oltre a ciò, si stava facendo strada un sentimento nuovo, una sorta di comunione con la nuova presenza che stava germogliando dentro di me. Le parlavo come se la conoscessi da sempre, eppure non riuscivo a immaginarne le forme del volto. Delle volte mi sentivo immensa, serena come la pioggia che discende senza domandarsi dove andrà a finire.

Smisi di rivolgermi a Sarai con la deferenza consueta. Non la cercavo ed ella ne soffriva. A quante stupide cose si attaccano le persone, me inclusa...

La mia condizione speciale durò un soffio, bastò che Sarai si inginocchiasse al cospetto del marito, con gli occhi bagnati di lacrime.

«Da quando la mia schiava si è accorta di essere incinta, io non conto più niente per lei! Ricorda che l'offesa fatta a me ricade su di te! Ne dovrai rendere conto anche a Dio!»

«Riprenditi la tua schiava e fanne ciò che vuoi.»

Ad Abramo non interessava che fossi pregna. Che dentro di me stesse crescendo il suo germoglio. Così permise a Sarai ciò che lei non vedeva l'ora di fare: maltrattarmi, gettarmi addosso la rabbia per la sua condizione di infertilità.

Io non urlai nemmeno una volta: mi ripiegai su me stessa, mentre lei mi ricordava che io ero soltanto Agar, la schiava straniera: sentivo il suo rancore colpirmi come se mi lanciasse pietre arroventate. Lì capii che la vendetta è come il frusciare di un serpente. Ogni spira innesca un movimento arcuato che si ripercuote sulla voluta successiva, senza che nessuno possa impedirlo.

Me ne scappai via.

Mi incamminai lungo la strada di Shur, maledicendo Ra e Shu e Nut, i miei dèi egizi, per la triste sorte che mi toccava affrontare.

La terra di Canaan è inospitale per i fuggiaschi, soprattutto per le fuggiasche, per di più incinte. Ogni passo era divenuto un tormento. Le tempeste notturne sferzavano, mi bruciavano i piedi per il dolore, il terreno desertico ardeva, non sapevo dove accovacciarmi per riposare e l'acqua era divenuta un miraggio. Agognai con avidità le deliziose birre egizie, ma il mio palato era sempre più secco. Dopo due giorni ero così spossata che non sentivo nemmeno più i morsi della fame. Da sotto avevo lasciato qualche goccia di sangue, un grave affanno mi premeva il petto. Temetti di perdere il bambino. Era la prima cosa a cui mi stessi affezionando sul serio.

Finalmente avvistai una sorgente e lì mi accasciai, cadendo in un sonno profondo.

Quante ore dormii? Certo era trascorsa un'altra notte, riconoscevo il corso del sole: aprii gli occhi poco dopo l'alba.

Non riuscivo a muovermi. Avvistai da lontano una figura che si avvicinava su un purosangue arabo. Il cavallo si arrestò a pochi centimetri da me e scese un uomo di bianco vestito. L'aveva mandato Abramo? Questo sospettai, dal momento che lui già sapeva di me quel po' che c'era da sapere. Per prima cosa mi disse di essere un angelo e poi aggiunse: «Agar, schiava di Sarai, dove credi di andare?».

Gli raccontai le angherie che avevo dovuto subire, ma lui non ne fu scalfito: «Torna dalla tua padrona e sottomettiti. Ricorda che sei solo una schiava. In cambio Egli ti darà discendenza. Infatti Lui ha percepito la tua afflizione. Tuo figlio si chiamerà Ismaele, che significa "Dio ascolta". Sarà come un asino selvatico, la sua mano si alzerà contro tutti e verrà ricambiato. Abiterà di fronte ai suoi fratelli».

Guardavo l'uomo giunto dal nulla, di bianco vestito. Sembrava parlare come se non avesse un'anima. Corroborai l'idea che fosse un messo di Abramo, non certo un angelo. Nemmeno per un istante aveva preso in considerazione la possibilità di aiutarmi a fuggire lontano. Non gli interessavano le mie ragioni, aveva già, tra le pieghe del turbante, la sua verità incorruttibile.

«Quindi cosa farai, schiava Agar?»

Non mi restava molta scelta.

Mi caricò sul suo cavallo e mi riportò a casa, dove venni accolta freddamente. Ma il mio carico era ritenuto prezioso e nessuno mi importunò più. Ero sempre una schiava, nessuno mi avrebbe mai tolto quel marchio. Però mi erano consentiti diversi benefici e questo anche dopo che nacque Ismaele: allora Abramo aveva ottantasei anni.

L'arrivo di questo bimbo mi dischiuse alla vita. Per la prima volta pensai che tutti quei patimenti, tutta quella fatica fossero valsi la pena. Finalmente qualcuno che mi faceva dimenticare la mia condizione. Qualcuno che veniva trattato come un principino. Mi incantavo ore dietro agli occhioni lucidi della mia creatura, vispi come quelli di un cucciolo di leone. Carezzavo i suoi piedini paffuti e mi divertivo a tendergli l'indice con quella manina minuscola che già mi sembrava fortissima, come se potesse stringere in pugno ogni montagna che gratta i cieli.

Il patriarca mi trattava con diffidenza, per timore di irritare la consorte. Non mi parlava e per fortuna non mi toccava più, da quando gli avevo dato un figlio. Però visitava costantemente Ismaele, si informava della sua salute e man mano che passavano gli anni, si mostrava orgoglioso della sua crescita. Le prime parole, i primi passi, il primo pascolo. Ma faceva attenzione a non mostrarsi troppo prodigo.

Un giorno, tredici anni dopo la nascita di Ismaele, quando io e mio figlio ci intendevamo soltanto con uno sguardo e quando Abramo aveva ormai novantanove anni, lui tornò con l'aria trasfigurata di chi ha appena visto Dio. E infatti così era stato presso la quercia di Mambre. Disse ai presenti che Lui gli si era manifestato di nuovo e gli aveva rammentato la questione della discendenza, che era poi il suo cruccio.

«Ha detto che diventerò padre di una moltitudine di nazioni. E che da oggi non mi chiamerò più Abramo, ma Abraham!»

Non capivo cosa sarebbe cambiato. In entrambi i casi il significato del nome era lo stesso: «il padre». Forse c'era bisogno di una nuova identità, sia per lui sia per l'adorata moglie.

«Anche Sarai muterà nome. Si chiamerà Sara.»

Lei era compiaciuta. Ora non sarebbe più stata «la litigiosa». Ma «la principessa». Era bastata una lettera per ribaltare tutto. Il tempo era trascorso anche per lei, le aveva rubato la lucentezza, le aveva imbiancato i capelli e le aveva tolto la voglia di sedurre. Aveva perso il turgore e la sfacciataggine della giovinezza, ma ora aveva qualcosa di più pregiato: un nome regale.

Dio aveva ribadito che, in cambio della santa alleanza con Abramo, pretendeva che ogni maschio venisse circonciso. L'ottavo giorno dalla nascita, a ogni neonato avrebbero inciso il prepuzio e la pratica si sarebbe dovuta estendere a tutti, inclusi gli adulti e gli schiavi stranieri. Dio aveva espresso l'imposizione con la sua inesorabile chiarezza: «Il maschio che non seguirà questa norma sarà tagliato fuori dal tuo popolo, in quanto avrà violato il mio patto».

Così, a novantanove anni, Abramo si fece circoncidere.

Si presentarono poi tre uomini, l'indomani, nell'ora più calda del giorno, mentre il patriarca sedeva fuori dalla tenda, all'ombra di un albero. Lui si prostrò dinnanzi ai forestieri, riconoscendo in quei volti un'impronta divina. Lavò i loro piedi, disse a Sara di impastare focacce di fior di farina, corse dal bestiame per scegliere un vitello tenero che affidò allo schiavo affinché ne facesse una prelibata portata. Recuperò del latte acido e del latte fresco e lo porse agli ospiti, mentre quelli sedevano all'ombra dell'albero.

Finito di mangiare, essi gli chiesero di Sara, facendo finta di non sapere che lei stava all'ingresso della tenda a origliare. Lì c'erano orecchie dappertutto, anch'io stavo ascoltando immobile, ma dalla parte opposta. Immaginavo che quei tre avessero qualcosa di grosso da annunciare e non volevo perdermelo, dal momento che la mia vita era legata ai miei padroni da un filo spesso. E infatti l'annuncio fu di quelli decisivi.

«Entro un anno tua moglie avrà un figlio.»

Dall'esterno della tenda arrivò il riso amaro di Sara e tutti si voltarono nella sua direzione. Pur senza vederla, indovinarono chi fosse.

Io so perché rideva. Aveva agognato tutta la vita procreare, poi si era rassegnata a ciò che non era mai accaduto. Ora che sfiorava i novant'anni, ora che non perdeva il sangue mensilmente da anni, ora che non cercava più quel tipo di piacere, ecco che Dio le faceva sapere che la sua ossessione si sarebbe realizzata. Forse Egli si era scordato di quanto implacabile per gli umani scorra il tempo?

«Perché ridi?» le chiese qualcuno.

«Non ho riso» mentì lei.

«Sì che hai riso, ti abbiamo sentito.»

La gravidanza trascorse serena. L'unico evento che ci incupì venne dall'esterno. La notizia che a Sodoma, dove si era da tempo stabilito Lot, imperversavano i peccati. La gente era prepotente e sfrontata. A Dio non piaceva la promiscuità, ma soprattutto lo adiravano l'arroganza e l'ostentazione dei beni materiali.

Abramo riportò a Sara il suo incontro con Dio. Il patriarca aveva osato parlarGli, lui che era polvere e cenere. Avvenne in un momento sospeso in cui il Sommo gli camminava accanto e gli aveva predetto la distruzione di Sodoma e Gomorra. Così il patriarca aveva domandato: «Davvero sterminerai il giusto con l'empio? Forse vi sono cinquanta giusti nella città: davvero li vuoi sopprimere? E non perdonerai a quel luogo per riguardo ai cinquanta giusti che vi si trovano?».

Il Signore gli aveva garantito che, qualora avesse davvero trovato a Sodoma cinquanta giusti, allora la sua ira si sarebbe placata. Ma Abramo era stato avvolto dal dubbio ed era sceso di numero: se cinquanta giusti erano troppi, forse ne avrebbe individuati solo quarantacinque, anzi, quaranta. O magari trenta. O meglio ancora venti, se non addirittura dieci. Dio assicurò che anche solo in nome di quei dieci, avrebbe avuto riguardo.

Ma evidentemente persino quei dieci scarseggiavano, se due angeli si manifestarono a Lot, ingiungendogli di scappare, perché presto quella città sarebbe stata distrutta. Lot era un devoto, si lasciò prendere per mano e li seguì via da Sodoma, lui, sua moglie e le due figlie.

«Fuggite sulla montagna per non essere travolti dalla vendetta divina che si abbatterà su Sodoma e Gomorra, via! Dio le distruggerà con una pioggia di zolfo e fuoco. Non fermatevi nella valle e per nessun motivo voltatevi a guardare cosa succede!»

Qualcosa andò storto, riportarono le voci. Pare che la moglie di Lot non abbia resistito alla tentazione. Mentre scappavano a gambe levate, lei indugiò un attimo e si girò per controllare se fosse vera la storia della pioggia infuocata. Era curiosa. Chi non lo sarebbe stato? Ma l'ordine infanto non passò inosservato. Qualcuno giurò di averla vista trasformata in una statua di sale, che andò a far compagnia alle centinaia di pietre salate che costeggiavano la riva del Mar Morto e che assumevano a volte forme stranissime, simili a corpi in svariate posizioni. Così di lei si persero le tracce.

Lot salì da Zoar e andò ad abitare in una caverna sulla montagna con le sue due figlie. Ma esse non si avvezzarono alla solitudine, agli ululati dei lupi, ai suoni dei boschi. Sopra ogni cosa temevano di non avere figli e così fecero ubriacare il padre, una sera ciascuna, e giacquero con lui in un amore illecito. La primogenita avrebbe partorito Moab, da cui sarebbero discesi i moabiti. La seconda Ben Ammi, capostipite degli ammoniti.

Da noi, intanto, tutto procedeva in uno stato di sospensione. Finché nacque il figlio tanto voluto quando Abramo aveva cent'anni e Sara solo dieci di meno. Per via della reazione di lei all'annuncio di questo prodigio, gli fu dato il nome di Isacco: «egli sorride». Se io già mi ritenevo una madre protettiva con Ismaele, è perché non avevo conosciuto il lato materno di Sara. Non lo lasciava un attimo, lo vegliava giorno e notte come una pantera senza fiducia. Era perfino montato il latte sul suo seno avvizzito.

Ora era lei che si dava un sacco di arie. Quel bambino era il suo gioiello, il loro gioiello, perché anche Abramo, nonostante il suo secolo di vita, correva da lui appena poteva e gli si illuminavano gli occhi all'ascolto di ogni vagito. I vantaggi accordati a lui mio figlio non se li sarebbe nemmeno sognati. Mai aveva ricevuto un regalo da suo padre o una carezza in testa. Di colpo era come se Ismaele non esistesse più nel cuore del patriarca. O forse non aveva occupato mai nemmeno un piccolo spazio.

Venne circonciso anche Isacco e il giorno dello svezzamento suo padre imbandì un ricco banchetto. In quell'occasione sembravano tutti felici. Mio figlio, attratto dal nuovo fratello, gli si avvicinò per farlo giocare e lo fece con l'ingenuità tipica dei buoni. Aveva sempre mantenuto le distanze, a quella festa sembrava che ogni barriera si fosse annullata, tutti stavano bevendo e mangiando di gusto, il clima si era rilassato. Ma Sara, che mai staccava gli occhi di dosso al neonato, subito se ne accorse e lo considerò un grave affronto. Come dimenticare il suo sguardo di riprovazione? Non disse nulla, ma il suo silenzio gorgogliava.

Così alla sera sgattaiolai a origliare fuori dalla loro tenda e, nell'intimità del loro giaciglio, la udii pronunciare l'amara sentenza.

«Devi cacciare la schiava egizia e suo figlio.»

«Ma... sarebbe un'azione terribile, mandarli via di qui, da soli, senza mezzi...» rispose il patriarca con voce dispiaciuta.

Lei scovò la scusa più inoppugnabile: «Un giorno potrebbe pretendere di spartire l'eredità con Isacco».

L'indomani avevo già preparato un fagotto coi nostri stracci. Abramo ci raggiunse, mi allungò un tozzo di pane e un otre di acqua e, senza guardarmi in faccia, a modo suo cercò di rincuorarmi, ma gli uscirono poche parole: «Dio mi si è rivelato e mi ha detto di cacciarti. Ma consolati: da tuo figlio nascerà una grande nazione».

Non risposi, mi incamminai con decoro senza salutarlo, stringendo la mano del mio ragazzo.

Andammo errando per il deserto di Bersabea. Rinunciai a cibo e acqua perché lui si sfamasse e dissetasse, ma quel po' di vivande bastarono appena un giorno. Il sole ci schiacciava contro le pietre, Ismaele aveva la bocca così secca che le labbra erano solcate da profondi tagli. Ogni volta che cercava di dirmi qualcosa, quelle incisioni si coloravano del rosso violaceo del sangue.

«Non parlare, figlio mio. Vai a ripararti sotto a quel cespuglio.»

Temevo che ormai fossimo prossimi alla fine e non volevo vederlo morire. Era questo che mi serbava la vita? Assistere lenta alla consunzione della carne della mia carne?

Forse Ismaele si accorse che eravamo senza scampo, perché pianse o almeno contorse il viso: era così prosciugato che non gli uscirono lacrime. Un serpente ci strisciò accanto e a nulla servì che cercassi di afferrarlo per farne un pasto: lui sgusciò via ermetico così come era venuto.

Le ore trascorrevano impietose e dubitai di me quando, a un certo punto, mi sembrò di udire una voce, ma ormai avevo i sensi ottenebrati. Mi incitò a cercare un pozzo, scavato tempo prima da Abramo, e io cercai come una folle. Finché lo trovai, nascosto da pietre. Quell'acqua fu la nostra salvezza e rappresentò un nuovo inizio. Perché capimmo che da lì saremmo dovuti ripartire. Io e lui, senza timore.

Imparammo a aderire alle distese sabbiose, riconoscendo i pochi tesori d'acqua. Ismaele divenne un provetto cacciatore e io, già valente a riconoscere piante e a scovare frutti, mi specializzai nella raccolta. Vivevamo in una grotta scavata su un'altura, adeguammo i nostri ritmi a quelli del deserto di Paran. E, una volta adulto, scelsi per lui una moglie egizia come me.

Dalla nostra arida contrada passavano viandanti e così ricevetti notizie della famiglia che aveva disposto della mia vita per tanto tempo.

Erano trascorsi un po' di anni e si raccontava che, stando alle parole di Abramo, Dio lo avesse messo alla prova, chiedendogli l'inammissibile: che offrisse in olocausto il suo amatissimo figlio Isacco, nel territorio impervio di Moria. Davvero era accaduto ciò? Misi in dubbio le fole del popolo. Come aveva potuto Dio pretendere tanto? Davvero un padre poteva accettare una tale richiesta? Sacrificare ciò che di più prezioso aveva al mondo... "E se invece Abramo avesse avuto ragione?" mi chiesi a un certo punto. Se fosse esistito un essere supremo che agiva secondo calcoli imperscrutabili, un dio severo che però, a modo suo, sapeva ricompensare? Come avrebbe potuto allora giustificare le disuguaglianze, le malvagità, i drammi dell'esistenza?

Abramo non si pose mai domanda alcuna. Non mise in discussione le pretese di Dio nemmeno quella volta. Avrei tanto voluto possedere la fiducia che mostrò quel giorno. Così mi giunse voce: si alzò di buon mattino, come suo solito, sellò l'asino, chiamò il figlio, si fece seguire da due servitori e si incamminò. Impiegò tre giorni per raggiungere la montagna e là comandò ai servitori di aspettarlo: soltanto lui e Isacco l'avrebbero scalata. Il padre radunò la legna necessaria al sacrificio e il coltello con cui avrebbe ammazzato il figlio. Mentre salivano, Isacco domandò perplesso: «Padre, dov'è l'agnello per l'olocausto?».

Abramo distolse lo sguardo e rispose, col cuore appesantito dalla tristezza: «Provvederà Dio, figlio mio».

Arrivarono alla sommità indicata dall'Immenso, il patriarca allestì l'altare e sistemò la legna. Procedeva a movimenti lentissimi, come se volesse fermare il tempo. Ma il tempo scorreva e venne il momento fatidico. Abramo afferrò con forza il braccio di Isacco e lo condusse al luogo del sacrificio. Capì, il figlio, che suo padre lo stava per sgozzare? Cosa disse? Gridò, lo supplicò di fermarsi? Il patriarca ebbe il coraggio di guardarlo negli occhi, mentre lo stendeva con un movimento deciso sull'altare e alzava il braccio con la lama in pugno, pronto a immolare? Come avrà potuto compiere quei gesti? Con la costernazione di chi non può sottrarsi? E se fosse stata tutta un'illusione, se Abramo avesse vaneggiato e la volontà divina altro non fosse stato che il frutto della sua demenza?

Mi riferirono che l'angelo di Dio lo fermò in tempo: quello che l'Eterno voleva era solo provarne la fedeltà. Dio aveva toccato la devozione dell'uomo. Abramo stava per sacrificare il suo unigenito, questo bastava. Ora Isacco era salvo.

Abramo alzò gli occhi e scorse un ariete con le corna impigliate in un cespuglio e lo catturò per sacrificarlo al posto del figlio, pensando che Dio vede e provvede.

"Ma Isacco che pensava di tutto ciò?" mi domandai, scrutando Ismaele. Chissà se le parole dell'angelo furono di consolazione: «In cambio di ciò che eri disposto a fare, Abramo, io ti benedirò. La tua discendenza sarà numerosa come le stelle del cielo e i granelli della sabbia. Sarà così forte che si impadronirà delle città dei suoi nemici».

Poi Abramo tornò dai suoi servi e, quando giunsero a Beersheva, piantarono le tende.

Isacco ebbe dei figli e la profezia si avverò.

Quando Sara morì a Hebron, nella terra di Canaan, aveva centoventisette anni: Abramo la pianse con un inconsolabile lamento e la tumulò nella caverna di Machpela, che aveva pagato quattrocento sicli d'argento, dopo aver contrattato il prezzo con Hefron l'hittita. Lì un giorno, quasi quarant'anni dopo, i suoi figli seppellirono anche lui, dopo una vecchiaia a detta di tutti felice. Nonostante lui avesse preso una terza moglie, Ketura, le sue tribù portarono lì le sue spoglie perché sapevano che Abramo avrebbe voluto riunire i suoi resti mortali a quelli di una e una donna soltanto.

Lia
1700 a.C.

Io sognavo una famiglia, volevo – come le mie trisavole – sposarmi e allevare figli. Non ambivo alla tiepidezza dei sentimenti, sognavo di donarmi tutta. Avevo appreso l'amore dai canti antichi che ci tramandavamo di madre in figlia, ingannando la realtà che, come le vecchie svelavano, era spesso brutale. Vagheggiavo un uomo accanto a me, che mi guardasse come i saggi contemplano le stelle. Io avrei avuto occhi soltanto per lui. Fin da bambina lo immaginavo bello e audace, pastore ammirato da tutti. Il mio bello non esisteva ancora, eppure io gli parlavo attraverso il vento. Confondevo il rumore delle frasche con la sua voce e mi sembrava che mi rispondesse, che anche lui mi cercasse: così trascorrevo i miei giorni, sognando a occhi aperti.

Ma il mio anelito d'amore era destinato a infrangersi, dimostrando quanta preveggenza detenessero le anziane. L'amato mio tardava ad arrivare e io, che in quanto sorella maggiore avrei dovuto sposarmi per prima, temevo di restare zitella. L'avevo invocato a lungo, senza sapere chi fosse. Sul mio giaciglio, le notti infinite.

I giorni trascorrevano lenti e trepidanti attorno a quell'attesa.

Poi, un pomeriggio di vento che scalzava giù dai cammelli, l'amato mio venne alle nostre tende, quando ormai lo aspettavo da troppo tempo. Si chiamava Giacobbe, era nostro cugino e aveva addosso ancora i segni del deserto: polvere tra i capelli e pelle secca nel volto dai tratti dolci.

Le cose, però, non andarono come avevo fantasticato dall'infanzia.

Ma non si può raccontare la storia di Giacobbe senza partire da quella di sua madre Rebecca, perché era stata lei a tirare i fili del suo destino, prima dividendo poi tenendo intatte le sorti della famiglia. Era la nipote di Abramo, in quanto figlia di Bathuel l'arameo, figlio del fratello di Abramo. Quest'ultimo aveva vagheggiato con tutto il cuore che suo figlio Isacco non sposasse una donna della terra di Canaan, voleva una nuora con le sue stesse origini caldee, originaria della pianura di Aram, e mandò un suo servitore presso Ur, per trovarne una. L'uomo si incamminò con dieci cammelli carichi di tesori.

Sul far della sera, quando le donne uscivano di casa per attingere l'acqua, lui si assestò presso una fonte e attese. Finché, per caso, passò di lì proprio mia zia Rebecca. Allora era una bellissima fanciulla in età da marito. Per essere sicuro che fosse una persona buona e generosa, il servitore la mise alla prova: finse di aver bisogno di bere acqua dalla sua anfora. Non sospettando quale piano ci fosse sotto, Rebecca, «colei che unisce», gli porse la sua brocca e si offrì di dissetare anche i suoi cammelli, che intanto si ristoravano accovacciati, con le gambe piegate. Il servitore la ricompensò con un pendente d'oro da narici e due braccialetti del peso di dieci sicli. Le chiese chi essa fosse e, quando si svelò la parentela, egli si prostrò a terra per ringraziare Dio, per averlo guidato fino alla casa del figlio del fratello del suo padrone.

Fu accolto con gioia e trattato con tutti gli onori: quando se ne andò, portò con sé la fanciulla, non prima di aver donato alla famiglia ori e preziosi.

Isacco aveva quarant'anni quando sposò Rebecca, figlia di Bathuel l'arameo. La incontrò lungo il cammino, presso il pozzo di Lacai-Roi, la portò nella sua tenda e l'amò.

Il matrimonio funzionò, nonostante un problema lo attanagliasse. Noi donne, allora, eravamo concentrate su un unico desiderio: avere figli. Per tutta la vita noi ci spostavamo lungo la stressa strada, ripercorrendo gli stessi spazi, senza sconfinare mai lo sguardo. Il nostro infinito era la procreazione.

Visto che Rebecca continuava ad avere il ciclo mensile senza restare gravida, Isacco pensò che fosse sterile. Il sospetto era senza possibilità d'appello e Rebecca si presentava con volto mesto al pozzo o ai momenti di ritrovo conviviale.

Isacco fece voti al Signore perché gli mandasse un figlio e venne esaudito con una ricompensa doppia, vent'anni dopo lo sposalizio: giunsero due maschi. Ma essi si urtavano nel ventre di Rebecca, arrecandole forti dolori, e lei perse la voglia di vivere. Chiese a Dio un responso, che le sciolse ogni dubbio.

«Partorirai due gemelli i cui nomi saranno portati dalle loro nazioni, e il minore dei due eccellerà sul maggiore.»

Nacquero così Esaù, «il peloso», e Giacobbe. Il primo era rosso e irsuto. Il secondo uscì dall'utero stringendo ancora in mano il calcagno di Esaù, infatti il suo nome significa «colui che tiene il tallone». Da piccoli erano inseparabili, ma quando giunse l'età adulta le scelte di vita li divisero: il fulvo Esaù divenne cacciatore e uomo dei campi; Giacobbe, invece, detestava la caccia, per via della sua indole pacifica, e preferì amministrare l'accampamento. Quest'ultimo, così mite e delicato, era il preferito della madre, mentre il padre – che amava la cacciagione – non perdeva occasione per stare con Esaù. Erano diversissimi, fisicamente e per carattere. Esaù villoso e dai modi rozzi, Giacobbe quasi glabro e riflessivo. Come accade tra fratelli che devono subire le differenze d'amore dei genitori, tra i due cominciò una guerra silenziosa e sottile per chi fosse il migliore. Si preannunciava la lotta predetta, quella che sarebbe conseguita tra gli edomiti, discendenti da Esaù, e gli israeliti, discendenti da Giacobbe, cui venne mutato il nome in Israele.

Esaù aveva sposato due donne ittite, ma esse amareggiarono assai la vecchiaia di Rebecca e Isacco, senza contare che la suocera non perdeva occasione per sparlare di quelle col figlio preferito, raccomandandosi: «Giacobbe, non sposare anche tu una donna ittita!».

I fratelli non si risparmiavano reciproci colpi bassi e

dispetti. So per certo che Giacobbe colpì Esaù con un tiro mancino astuto, facendosi regalare la primogenitura in cambio di un piatto di lenticchie rosse. Come vi riuscì, se non approfittando del fatto che l'altro fosse affamato e senza forze?

Conosco bene queste vicende, perché la persona che me le ha narrate è Giacobbe, l'amore dell'anima mia, l'uomo che attesi per anni. Gli era rimasto il dispiacere per come erano andate le cose. Per quella volta, ad esempio, in cui lui gabbò suo fratello, ma lo fece istigato da Rebecca, che stravedeva per lui. Le cose andarono così. Isacco era vecchissimo e quasi cieco quindi, sentendo che si stava approssimando il suo ultimo giorno e volendo benedire il suo pupillo, convocò Esaù e gli disse: «Prendi le tue armi, l'arco e il turcasso e procurami della cacciagione. Cucinala come piace a me e in cambio io ti benedirò».

Rebecca, cui nulla sfuggiva, aveva ascoltato di nascosto e subito si era precipitata da Giacobbe, riportandogli il fatto. Poi aveva aggiunto: «Devi sostituirti a Esaù. Corri subito al gregge e portami due bei capretti grassi: preparerò io un piatto da leccarsi i baffi e faremo finta che sia opera tua».

«Madre, ma come facciamo? Se lui si aspetta Esaù, si accorgerà che invece sono io... è quasi cieco, ma potrebbe toccarmi e io non ho tutto il suo pelo. Se il padre si rendesse conto dell'inganno, mi attirerei la sua maledizione.»

«Nel caso accadesse, la sua maledizione ricadrà su di me. Tu fidati e fa' come ti dico.»

Giacobbe accettò di malavoglia. Non osava ribattere alla madre che tanto si era spesa per lui, ma avrebbe volentieri fatto a meno di quella messinscena. Cercò i capretti più tondi, glieli consegnò, la osservò mentre lei li preparava con cura, scuoiandoli, tagliandoli a pezzi e cuocendoli a fuoco lento sul braciere, conditi delle poche spezie di cui disponevano, zafferano e cinnamomo. Dopo qualche ora, il piatto fu pronto e Rebecca passò alla seconda parte del suo astuto piano. Fece indossare al figlio favorito i panni sporchi del fratello, impregnati del suo afrore di cacciatore, prese la pelle dei capretti che aveva tenuto da parte e la avvolse attorno al collo di Giacobbe e sul dorso delle sue mani, perché fosse provvisto di peli. Poi lo guardò soddisfatta.

«Ecco, adesso se anche tuo padre ti tocca, non saprà trovare le differenze con Esaù.»

E così fu. Giacobbe andò malcerto da Isacco, che si stupì della prontezza con cui aveva cucinato: «Sei già qui, Esaù?».

«Sì, ecco la tua pietanza cucinata con tanto amore.» Mentre pronunciava queste parole, si accorse che non era bravo a mentire.

Infatti il padre gli disse: «Hai la voce di Giacobbe».

«Cosa dici, padre mio, non mi riconosci più?»

«Come hai fatto a trovare così presto la selvaggina?»

«Dio me l'ha messa sul cammino.»

Isacco gli chiese di avvicinarsi perché voleva sincerarsi che fosse proprio Esaù. Giacobbe chiuse gli occhi e un brivido gli corse lungo la schiena, mentre suo padre gli tastava le braccia e il collo. Forse per timore di essere scambiato per un vecchio che si confondeva stoltamente, Isacco si bevve la frottola. Mangiò di gusto, buttò giù i bocconi col vino, poi fece avvicinare il ragazzo, lo baciò sulle guance inspirando il forte odore di Esaù che esalava dalle sue vesti:

«Ecco il profumo di mio figlio,
simile a quello di un campo benedetto da Dio.
Che Dio sempre ti conceda fresca rugiada del cielo
e siano fecondi i tuoi campi,
con abbondanza di frumento e di vino.
A te serviranno i popoli,
e si chinino davanti a te le genti.
Maledetto chi vorrà maledirti,
sempre benedetto chi vorrà benedirti».

Conclusa la benedizione, Giacobbe si allontanò precipitosamente, per evitare di incrociare il fratello che ormai aveva perso tutto per colpa sua: i diritti di primogenitura e la benedizione. Non si poteva più tornare indietro. Isacco presagì e quasi piangeva, quando egli arrivò, annunciato dal profumo del suo spezzatino: «Ma tu chi sei?».

«Padre mio amatissimo, sono Esaù, il tuo primo nato. Ti ho portato ciò che mi avevi chiesto.»

«Qualcuno ha preso il tuo posto, ha detto di essere te, e si è rubato la tua benedizione.»

«No, non permetterlo! Non puoi annullarla e pronunciarne una nuova per me?»

«La sua benedizione è protetta. Purtroppo la tua dimora sarà in campi infecondi e vivrai della tua spada, sottomesso a tuo fratello. Solo quando, stanco, solleverai la testa e spezzerai il giogo dal tuo collo.»

Poco lontano, Giacobbe sentì alzarsi le grida di quel fratello che aveva sempre considerato ottuso. Esaù sbraitava come un gigante ferito e tirava testate contro un albero.

Rebecca corse dal prediletto e lo abbracciò: «Figlio mio adorato, attento! Esaù sta impazzendo di rabbia e ti vuole uccidere! Presto, fuggi ad Aram, in Mesopotamia, da mio fratello Labano e resta là nascosto finché le acque non si saranno calmate! Quando Esaù si placherà, ti farò chiamare».

Prima di andarsene, Giacobbe volle passare da suo padre, che non aveva più energie per il rancore e lo lasciò con una sola raccomandazione: «Non sposare mai una cananea, ma vai nella casa di tuo nonno Bathuel, padre di tua madre, e di tuo zio Labano, fratello di tua madre. Lì troverai la sposa giusta».

Egli obbedì e, sgattaiolando via da suo fratello, si recò nella pianura di Aram, nella terra d'Oriente.

Ed è a questo punto che entro in gioco io.

Io, mio padre e mia sorella minore, colei che avrebbe dovuto sposarsi dopo di me.

Quando arrivò questo cugino che non avevo mai visto, capii che aveva risposto al mio anelito d'amore. Forse aveva sentito il mio richiamo, attraverso il deserto e le colline brulle? Lui non sembrava essersi altrettanto accorto del magico incontro.

Era diverso da tutti gli altri uomini. Non aveva le mani sporche e piene di calli, né il colorito troppo scuro tipico di chi si fa amico il sole. Un po' indurita, la sua pelle, sì. Un po' di sabbia sul volto. Bei capelli folti. Discuteva con pacatezza di qualsiasi genere di argomento, aveva il portamento di un sovrano. Non si accorse di me, non contemplò nemmeno un istante l'ipotesi che divenissi sua: il suo cuore era già stato rapito da mia sorella Rachele.

Si erano incontrati all'abbeveratoio, che era poi un pozzo coperto da una pietra. Rachele, in quanto pastora, si era recata nel luogo in cui erano solite dissetarsi le greggi, nel momento in cui il sole era più inclemente. Perché Giacobbe perse la testa per lei? Perché il suo nome significa «dolce come una pecorella»? O perché aveva gli occhi brillanti, mentre i miei sembravano cisposi?

Giacobbe entrò deciso nella nostra dimora, non mi degnò nemmeno di uno sguardo e subito invocò le nozze con mia sorella. Mio padre Labano era contento che il futuro genero fosse suo nipote, tuttavia contrattò con lui: «Sarà tua, se tu lavorerai sette anni per me».

Come era possibile che mio padre accettasse che la secondogenita si sposasse prima di me? Forse si aspettava che in quei sette anni qualcuno reclamasse la mia mano? Lui sapeva quanto avessi atteso il nuovo ospite...

Il malumore mi incupì il volto e smisi di parlare. Eseguivo rancorosa la gestualità quotidiana cui noi donne eravamo preposte.

«Cos'hai, Lia, gioia dei miei occhi?» domandava mio padre e io non rispondevo se non con singhiozzi. Il mio mutismo stillato goccia dopo goccia, giorno dopo giorno, lo preoccupò. Non c'era bisogno che ne parlassimo, ci eravamo sempre capiti al volo. Se per un potenziale marito non ero abbastanza avvenente e non avevo gli occhi belli, mio padre contemplava solo la mia bellezza interiore e mi amava senza riserve. Apprezzava la mia operosità, quanto mi spendessi per le faccende di casa fino a sfinirmi, come poi svelava anche il mio nome, che rimandava al verbo «stancarsi». Il padre Labano mi rincuorò, mi disse che avrebbe sistemato le cose a modo suo.

«Come farai?»

«Non preoccuparti. Ti assicuro che ti sposerai prima di tua sorella.»

Visto che mi fidavo ciecamente di lui, le mie smorfie tristi vennero sostituite da un sorriso soddisfatto.

Rachele, intanto, pensava solo alle nuove nozze e sentii bisbigliare sia lei sia Giacobbe che sette anni sarebbero passati in un battibaleno. Beati loro che si credevano così innamorati.

Il primo anno volò, in effetti. Il secondo rallentò il ritmo e lei divenne circospetta verso di me. Vedeva che ogni tanto scrutavo il suo promesso, ma non osava rimproverarmi, lei era mite come un agnellino.

Un garbuglio disordinato combatteva nel mio cuore. Era composto da rabbia, gelosia, desiderio, voglia di rivalsa, affanno, palpito. Perché avrei dovuto essere io l'esclusa?

Giacobbe sgobbò per sette lunghi anni, sognando il coronamento di quell'incontro fugace con Rachele, quel torrido giorno al pozzo, ed entrambi, imprigionati in un'attesa paziente, pregustavano ogni giorno l'alba del matrimonio. Ma non sapevano che Labano aveva in mente altro.

Il giorno prestabilito, Rachele si era abbigliata a festa, con una kandys turchese sumero che lasciava scoperta una spalla, lungo fino alle caviglie. Le schiave le avevano intrecciato le ciocche castane con lamine dorate e le avevano posto sulle spalle uno scialle ricamato. Avanzava pudica e felice, per prendersi in pugno la sua felicità, senza sapere che di lì a poco le avrei rovinato la festa.

Anch'io ero stata acconciata dalle schiave, ma in una maniera più raffinata. Indossavo una veste più sfarzosa, gioielli più sgargianti, avevo dato vita ai miei occhi dipingendoli col *guhlu*, il bistro, e in testa sfoggiavo un vistoso copricapo. Erano fragili, i miei occhi, si erano consumati a forza di piangere di gelosia.

Mangiammo e bevemmo tutti spensierati al convito di nozze. Tutti tranne Rachele, che forse, vedendomi così agghindata, cominciava a presagire qualcosa. Giacobbe fu ingozzato a sazietà e fiumi di vino gli scesero lungo la gola.

Forse per questo non si accorse dell'inganno?

Quando venne il momento di coricarsi, Labano condusse me nella tenda matrimoniale, me e non Rachele: le nozze con la primogenita vennero così suggellate. La notte fu piena di fuoco, mi sembrò che i monti stessero eruttando lava, mentre mille stelle comete impazzite frusciavano fuori, facendo zampillare la loro coda con una scia infinita.

Chissà quanto si era tormentata nel suo letto la povera Rachele, quando aveva scoperto il raggiro! Aveva sentito i miei gemiti di piacere? Il padre le aveva fermato la furia, trattenendola per una mano, mentre lei cercava di entrare nella tenda e rovinarci l'idillio?

Il problema sorse dopo, piuttosto. Il nuovo marito, non appena entrò la luce del sole a dissipare le illusioni, balzò fuori di scatto dal nostro giaciglio. Non mi piaceva il suo volto schifato, la sua voce adirata. Lo sentii correre da mio padre urlando e lo seguii per capire come ne saremmo usciti.

«Che cos'hai fatto?» gridava il mio novello consorte. «Non è forse per Rachele che sono stato al tuo servizio per sette anni? Perché mi hai imbrogliato?»

Mio padre non si alterò, la sua voce scorreva bonaria, come se volesse tenerselo amico: «Stai calmo. Ho solo rispettato le usanze del luogo: qui i padri mandano a nozze prima le figlie maggiori, poi quelle minori. Non potevo lasciare Lia senza marito».

«E ora come faremo? Io voglio Rachele, è per lei che ho sudato tanto!» si lamentò con voce colma d'ira.

«Ti darò anche Rachele. Ma in cambio tu dovrai prestarmi servizio per altri sette anni.»

Giacobbe lo fissò stralunato. «Altri sette anni? Ti rendi conto di quello che mi stai chiedendo?»

Era arrivata anche Rachele, di corsa. Aveva carpito il discorso e mi guardava con aria di superiorità, come per rinfacciarmi: "Visto? Ti sei presa la mia roba con l'astuzia, ma lui pensa soltanto a me".

Ma non avrebbe mai avuto il coraggio di pronunciare quelle parole.

Giacobbe era furioso: «Mi stai chiedendo di aspettare altri sette anni per Rachele?».

«No, non devi aspettare. Trascorri questa settimana con Lia e poi sposerai subito Rachele. Stavolta le nozze si celebreranno prima che tu abbia concluso il lavoro.»

La proposta mi arrecò un nodo allo stomaco. Quindi non sarei stata la sola. Avrei diviso quell'uomo con la persona che lui più bramava al mondo. Che umiliazione.

Mio marito fu costretto ad accettare, non aveva molta scelta. Si trovava lì, in un paese per lui straniero, senza mezzi, ospite in casa del suocero. Aveva già un vincolo strettissimo con me, sarebbe stato disdicevole mandare tutto all'aria.

Mio padre sugellò il patto con due regali: a me donò Zilpa come schiava, a Rachele Bilha. Io stringevo i pugni con livore, mia sorella era indispettita.

Per Giacobbe esisteva solo Rachele e a nulla valeva che io mi lamentassi con mio padre.

Sapete cosa vuol dire amare senza essere ricambiate? Fremere di desiderio, anelare invano uno sguardo, un abbraccio, un briciolo di considerazione? E quanto brucia la ferita, se chi non ti vuole è proprio chi ti sta più vicino, l'uomo che dovrebbe amarti e onorarti per la vita che gli dedichi!

Ogni notte Giacobbe scivolava nella stanza di mia sorella. Più lui mi ignorava, più io lo inseguivo. Contavo le stelle piangendo, mi mordevo le labbra e invocavo Dio che mi aiutasse. Si mise di mezzo mio padre, redarguendo il genero: «Ti stai comportando come se tu avessi una sola moglie. Invece ne hai due, non dimenticarlo».

«Ne ho due perché sono stato raggirato, lo sai benissimo» rispose Giacobbe, ancora stanco per le fatiche del giorno.

«Comunque sia, devi onorarle entrambe. La tua posizione è stata pattuita davanti a Dio e alla comunità.»

«Quindi?»

«Quindi, se sei inadempiente, commetti peccato.»

Quegli ammonimenti gli smossero il senso del dovere, mio marito tornò a visitarmi, sebbene con un distacco glaciale. Dov'erano finiti i miei sogni di passione? Nei venti tiepidi delle aride pianure.

Eppure fu la volontà divina a premiarmi. Dio aveva visto la mia afflizione e voleva consolarmi. Scelse il dono più ambito da una donna: la fertilità. Così nacque Ruben, che significa «vedete un figlio». Poi Simeone, che vuol dire «Dio ascoltò», e Levi, ovvero «Dio si affezionò». Quanta grazia, Signore divino! Dopo aver partorito tre figli, speravo che mio marito finalmente mi considerasse come meritavo. Che Rachele fosse messa da parte. Ma ciò non accadde, nonostante io cercassi di conquistarlo in ogni modo. Cucinavo pietanze saporite per ristorarlo dopo il lavoro, gli portavo caraffe d'acqua cercando di indovinare la sua arsura, sorridevo al suo volto sempre grave.

Nemmeno quando arrivò il quarto figlio, Giuda – «lodate il Signore» – le cose cambiarono. Io per Giacobbe restavo come un'estranea.

Rachele, invece – lei che era la prediletta, l'unica, la preziosa, colei che non si era mai lamentata di nulla –, cominciò a soffrire di gelosia per i figli che non riusciva ad avere. Era colpa sua, in fondo, soltanto colpa sua. E di Dio. Questo ci avevano detto.

Quando due sorelle cominciano a odiarsi, lo fanno accovacciandosi nei meandri più profondi dell'anima. Era astio granitico. Ci lanciavamo da lontano stilettate di sguardi carichi di ostilità e invidia, ciascuna di noi ambiva ardentemente a una cosa soltanto: quella che l'altra possedeva. Io avrei barattato tutti i miei figli per elemosinare un po' d'amore da quel marito distante, lei

– che beneficiava di tale amore senza aver mai alzato un dito – lo avrebbe scambiato col mio ventre.

Se fossi stata una buona madre, avrei pensato che tutto l'oro del mondo non vale un figlio.

Se fossi stata una grande donna, mi sarei svincolata da quelle catene.

Se fossi stata una brava sorella, sarei corsa a stringerla e a consolarla, cercando di sollevarla da quel tarlo che la rodeva. Ma se fossi stata una brava sorella, non saremmo mai arrivate a quel punto. Non le avrei sottratto il marito, non avrei rosicato fino a sperare la sua morte. La rivalità ci aveva rese due serpi in lotta, lei non era più tenera come diceva il suo nome. Mi accusava anche con Giacobbe, lo pretendeva sempre più assiduamente nella sua tenda, con la scusa di concepire un figlio.

Una volta lui le si rivoltò contro: «Basta con questa storia! Quante notti siamo stati insieme? E non è arrivato niente... Cosa posso farci? Posso forse prendere il posto di Dio? Se non hai frutti in grembo, solo Lui può aiutarti, smettila di assillarmi una volta per tutte!».

Rachele si stava corrodendo fin nelle viscere. A nulla erano serviti gli amuleti e i portafortuna per la fecondità.

Finché un giorno mi specchiai in lei, e per la prima volta fui colta da un sentimento di vicinanza. Non provai contentezza per la disfatta della mia rivale, perché quello che la stava logorando era molto simile al mio pungolo: entrambe volevamo qualcosa di irraggiungibile. Ci aggrappavamo disperatamente all'insoddisfazione, rendendola sorgente quotidiana del nostro umore. I volti sgomenti, la bocca contratta: il desiderio ci aveva erose da dentro, come un artiglio che s'insinua sottopelle e scava, scava, spolpando la nostra parte migliore. Ma ormai era troppo tardi, non ci parlavamo più da anni e qualsiasi mio passo verso di lei sarebbe stato frainteso. Seppi che aveva dato a Giacobbe la propria serva Bilha, affinché quell'utero generasse un figlio che avrebbe considerato suo. L'usanza era praticata da tempi remoti qui da noi, quando la moglie si rassegnava alla sterilità. Rachele aveva solo messo in pratica una norma accettata. Ma perché mi sembrò tanto squallida? Perché sapevo che era soltanto una risposta alla mia fertilità.

Bilha partorì Dan, «Dio mi ha reso giustizia», poi Neftali, «la mia lotta».

Il tempo era trascorso inclemente e quella contesa ci aveva sottratto la giovinezza senza che ce ne rendessimo conto. Ci trovammo all'improvviso coi capelli grigi, la pelle avvizzita, le forze che cedevano: la vecchiaia si stava annunciando sorniona e lui si spaventò. L'ansia di spandere il seme lo spinse a chiedermi anche la mia schiava, di trent'anni più giovane di lui, e io non potei negargliela, sebbene a malincuore. Nacquero così da Zilpa altri due figli: Gad, «fortuna», e Asher, «felice».

Al tempo della mietitura del grano, il mio primogenito Ruben andò in campagna e tornò con delle mandragore. Si trattava di piante prodigiose, dal potere afrodisiaco. Forse Rachele sperava che la avrebbero aiutata, così mi rivolse di nuovo la parola, dopo anni. Il suo fu più un comando: «Dammi le mandragole».

«Non ti basta tutto quello che mi hai preso?»

«Tu mi hai rubato il marito, io me lo sono soltanto ripreso.»

«Per Giacobbe non esisto. Scordati le mandragole.»

E mi voltai per andarmene. Lei mi raggiunse e mi afferrò per la spalla: «Ti prego, dammele. In cambio io ti manderò Giacobbe, te lo lascerò diverse notti».

La guardai stupita. Avevamo accumulato tanti anni eppure il nostro cruccio restava giovane e vivido. Come una stella che si allontana pur mantenendo la sua forza nella lucentezza.

Fu così che io e il mio indifferente marito concepimmo Issachar, «salario», e Zabulon, «regalo». I maschi valevano più delle femmine e ciò che avevo generato aumentava considerevolmente il mio merito. Poi nacque Dina, «la giudicata».

La mandragola funzionò. O forse Dio era stanco del rancore di Rachele: fatto sta che la rese fertile e fu un avvenimento. Sembrava l'unica donna ad aver mai portato un figlio in grembo. Nessuno poteva toccarle la pancia, pretendeva di mangiare solo selvaggina – in particolare fagiani – e pesce arrostito, e poteva sorseggiare vino con moderazione. Io non avevo mai ricevuto un trattamento del genere, ma non era una novità che fosse lei la regina per Giacobbe. La prima cosa che lei disse, dopo aver dato alla luce il suo nato, fu: «Dio mi ha tolto il disonore».

E lo chiamò Giuseppe, «Dio aggiungerà».

Mia sorella cambiò all'improvviso. Come se un veleno malefico avesse albergato dentro di lei per anni e il desiderio esaudito l'avesse debellato. Come se allattare le coltivasse il buonumore e la gentilezza. Si rivolgeva a me con parsimonia, ma – le poche volte che accadeva – parlava con voce soave, come se volesse chiedermi scusa dei tanti graffi che mi aveva inferto. Le rispondevo con tono ancora più mansueto, quasi ad ammettere che ero io la prima a essere caduta nel torto.

Giacobbe non si rese conto di questi cambiamenti, riteneva le questioni donnesche poco importanti. Inoltre, era assillato dal suo nuovo obiettivo: tornarsene in patria. L'Eterno glielo aveva imposto e lui si era limitato ad accordarsi con chi di dovere.

«Lasciami partire» disse a mio padre Labano, a viso aperto. Voleva trovare un punto d'accordo nella franchezza.

«Non puoi andartene così. Che ne sarà dei miei affari?»

Effettivamente mio marito aveva incrementato le entrate di famiglia coi suoi computi precisi. Aveva naso per gli affari e un grande buonsenso.

«Sì che posso. Voglio andarmene con le mie mogli, i miei figli e i miei beni. Ho lavorato presso di te, meritandomi il tuo rispetto, sii giusto e ammettilo.»

«Però ti sei arricchito a dismisura, anche grazie al tuo stratagemma.»

«Quale stratagemma?»

«Hai fatto in modo che le greggi procreassero per te robusti esemplari chiazzati e punteggiati, cosicché potessi rivendicarli.»

Giacobbe abbassò lo sguardo. Anche lui aveva imbrogliato.

Il suocero proseguì: «Ora possiedi schiave e schiavi, cammelli, asini e un gregge composto anche da animali striati. Sei ancora in debito con me».

Non c'era modo di convincere quel vecchio. Giacobbe ne parlò anche con noi mogli ed entrambe quella volta fummo concordi: lo avremmo appoggiato. Si era consumata da tempo la devozione cieca verso un padre che ci aveva vendute in cambio di anni e anni di lavoro. Ora non potevamo più sopportare la sua ambiguità, né il suo opportunismo. Aveva messo i nostri fratelli contro nostro marito, facendo creder loro che lui li avesse derubati. Ma per dieci buoi che Giacobbe si era intascato, alla casa ne aveva fatti guadagnare cento. Aveva stretto i denti e sgobbato senza lamentarsi, nonostante il suo salario fosse stato cambiato più e più volte. Labano aveva cercato ogni volta di imbrogliarlo, ma Dio lo preveniva. Se mio padre diceva a Giacobbe: «Le bestie striate saranno il tuo salario», il Signore faceva nascere animali striati.

Se Labano cambiava idea per fregarlo, avvisandolo: «Stavolta le bestie a chiazze saranno la tua remunerazione», per volontà divina arrivavano animali pezzati.

L'Immenso era comunque dalla sua parte e quando hai un alleato di tal leva, ogni impresa sembra meno complicata. Di nuovo gli si rivelò e insistette perché fuggisse, così noi raccogliemmo gli averi in fretta e furia e approfittammo di quando Labano era via per tosare il gregge. Attraversammo il fiume, oltrepassammo la montagna di Galaad e ci dirigemmo verso la terra di Canaan. Al quarto giorno ci arrivò la notizia che Labano si era mosso al nostro inseguimento.

La fuga clandestina ci aveva uniti come mai eravamo stati. Giacobbe per la prima volta mostrava una certa gratitudine verso di me, nel suo atteggiamento. Si preoccupava delle sorti dei figli e, quando mi parlava, aveva cominciato a guardarmi negli occhi.

Anche io e mia sorella ci stavamo avvicinando, i malintesi del passato si stavano dissolvendo. Scoprii che le giornate erano meno faticose se non dovevi spendere energie nel rancore.

Una sera la sentii discutere con Giacobbe, lui le rinfacciava di aver portato via i Terafim, gli idoli del padre: «A cosa ti servono?».

Lei teneva gli occhi bassi. Non aveva il coraggio di ribattere al marito, nessuna di noi avrebbe voluto competere a parole con un uomo, era considerato irrispettoso. Lui incalzava: «Vuoi dare a tuo padre un motivo in più per avercela con me?».

Per la prima volta osai farmi avanti e parlare in difesa di mia sorella: «Giacobbe, perdona Rachele. Noi siamo affezionate a questi Terafim».

«Ora abbiamo Dio, che ve ne fate di queste statuette?»

«Sono solo un ricordo della nostra infanzia, a Dio non daranno fastidio.»

Era un momento delicato. Ogni paese aveva la sua religione, gli dèi contendevano i confini e i migranti come noi cercavano un approdo. Nessuna fede era ancora al sicuro. Dissi a mio marito che quei feticci non avrebbero mai soppiantato il suo Dio: erano dei vecchi simulacri di cui solo noi e il nostro clan conoscevamo l'identità. Così lui ce li condonò.

Al settimo giorno Labano ci raggiunse sulla montagna di Galaad, assieme al suo esercito capitanato dai figli maschi. Giacobbe sapeva che il momento del confronto sarebbe arrivato, loro erano molto più veloci di noi, abili su leggiadri cavalli. Mio padre non sembrava più adirato, qualcuno ci disse poi che nel cammino gli era apparso Dio, imponendogli clemenza verso il genero.

Mio padre tratteneva la rabbia in gola, la riconoscevo dai lampi negli occhi. Era però abituato a calibrare le parole a seconda della convenienza: «Giacobbe, perché te ne sei andato, gabbandomi così? Hai reso prigioniere di guerra le mie figlie e te ne sei scappato come un coniglio, senza nemmeno avvisarmi».

«Ho provato ad avvisarti, ma tu non hai voluto sentire ragioni. E le tue figlie ora sono le mie mogli, non sono prigioniere: hanno scelto loro di partire con me.»

«Mi avete rubato anche i Terafim...»

«Non mi interessano i tuoi idoli. Ma se proprio ci tieni, cercali.»

Labano entrò nelle tende e le perquisì. Niente, le statuette sembravano svanite. Ma Rachele si era prontamente issata sul cammello e sedeva proprio sopra di esse. Disse al padre: «Non ti offendere se non riesco ad alzarmi, perché in questo periodo ho ciò che avviene regolarmente alle donne».

A quel punto, certo di averla scampata, Giacobbe sbottò. Non capiva cosa mai avesse commesso di tanto terribile: «Qual è il mio delitto, qual è il mio peccato per essere trattato come un delinquente? Sono stato con te per vent'anni: le tue pecore e le tue capre non hanno mai perso un cucciolo, non ti ho mai mangiato un montone e non ti ho mai portato nessuna bestia sbranata. E se qualcuno ti rubava un animale, dovevo persino ripagarlo di tasca mia! Lasciamo perdere poi quante volte mi hai cambiato il salario...».

«Sì, ma il tuo Dio ti ha sempre agevolato.»

«Almeno lui era dalla mia parte, perché non si può dire che tu – mio suocero e mio zio – abbia mai mosso un dito per aiutarmi o rendermi le cose più semplici. Hai solo pensato al tuo tornaconto, anche a scapito delle tue figlie, che hai messo in una situazione contorta solo per avere un allocco che lavorasse per te tanti anni! Ho lavorato sette anni più altri sette per le due mogli e infine altri sei per farti contento, nonostante le incertezze del compenso. Non mi sono mai lamentato per il caldo che mi toglieva il respiro e per il gelo che mi divorava, impedendomi di prendere sonno.»

«Va bene, però dimentichi che tutto ciò che tu hai un tempo era mio. Senza di me non avresti accumulato tante ricchezze. Non ci resta molto da fare, a questo punto: disperdiamo gli antichi livori, stringiamo una tregua.»

Mio marito temeva i patti con Labano, tuttavia gli premeva uscire da quella situazione infida. Prese una pietra e la eresse come fosse una stele, anche i cognati accatastarono delle pietre e fecero di quel mucchio il tavolo per il loro desinare. Verso sera Giacobbe offrì un sacrificio, poi invitò tutti a mangiare e bere.

L'indomani mio padre sembrava un uomo nuovo. Ci baciò uno per uno, addirittura ci benedì come se avessimo sempre vissuto in amore e armonia, poi se ne tornò a casa. Giacobbe era contento, più contento ancora quando incontrammo degli uomini che lui identificò con angeli: chiamò quel luogo Mahanaim, che significa «i due accampamenti».

Dopo altri giorni estenuanti, arrivammo alla campagna di Edom.

Una buona notizia ci aveva allietati: Rachele era incinta del secondo figlio e stavolta io ne gioii con lei. Lo lesse nei miei occhi e non so in che modo avvenne che ci ritrovammo abbracciate come mai ci eravamo strette. Poi lei si staccò e mi guardò con una dolcezza piena di apprensione: «Ho paura, sorella mia».

«Di cosa?»

«Del viaggio, del mio corpo. Le forze di un tempo mi stanno abbandonando...»

«Sei solo stanca, cara Rachele. Non temere, andrà tutto bene, io ti starò accanto. Ormai, tra noi e le nostre schiave... abbiamo un po' di esperienza di parti, no?» sorridemmo, forse per cacciare via l'ansia. E fu così che due avversarie – sangue dello stesso sangue – che da anni si contendevano lo stesso marito, all'improvviso cessarono di essere nemiche, divennero davvero sorelle e strinsero una sacra alleanza.

Le procuravo il cibo che preferiva, mi accertavo che l'acqua da lei bevuta fosse limpida e che qualcuno la sventagliasse nelle ore più calde. Non doveva assolutamente sforzarsi, perché i suoi timori avevano un fondamento, lo capivo dalle sue gote pallide e dalla sua camminata leggermente barcollante.

Ma i guai per Giacobbe non erano finiti, perché dovette vedersela con Esaù. Il fratello non si era dimenticato di tutto ciò che gli era stato sottratto. Sapendo che stava marciando verso di lui con quattrocento uomini, mio marito, temendo il peggio, gli inviò dei messaggeri, invogliandolo alla pace. Era disposto a risarcirlo con ricchi doni, che fidati servitori conducevano: duecento capre e venti becchi, duecento pecore e venti montoni, trenta cammelle da latte con i loro piccoli, quaranta giovenche e dieci torelli, venti asine e dieci asinelli. Mentre – con le mogli, le schiave e i suoi dodici figli – Giacobbe guadò il torrente Jabbok.

Ci accampammo per la notte, Giacobbe aiutò a piantare le tende e sistemare gli animali: poi se ne andò solo a perlustrare il luogo. Quando faceva così, io e Rachele sapevamo che era il suo momento mistico. Ignorava che noi, le sue due mogli, continuassimo a pregare gli idoli giunti da Ur: lui diceva di sentire la voce di Dio e vi credeva fermamente.

All'alba, quando tornò con volto stravolto e vestiti laceri, sembrava che avesse combattuto con un leone. Aveva i capelli scompigliati, la pelle graffiata ovunque e l'articolazione del femore slogata. Ferite sulle braccia e sulle gambe, il labbro spaccato, un occhio nero.

« Cosa ti è successo?» gli domandò Rachele.

«Stanotte ho lottato con un angelo di Dio» rispose lui orgoglioso. «Capisci? Ho lottato con un emissario Dio. E ho vinto!»

Ne parlava come se fosse accaduto davvero e anche gli schiavi pagani per un istante gli credettero. Disse che era stato Dio a ridurlo così, dimostrando la sua clemenza alla fine, quando lo aveva benedetto. Giacobbe aveva nominato quel luogo Penuel che significa «faccia di Dio», perché la contesa era stata a tu per tu. Aveva combattuto contro una potenza infinita che lo avrebbe schiacciato senza fatica: eppure egli aveva avuto la vita salva, si era solo slogato l'articolazione sopra il femore. Quell'esperienza andava eternata e il Signore gli cambiò nome: d'ora in poi si sarebbe chiamato Israele, vale a dire «colui che lotta con Dio».

Fu forse in virtù di questa protezione che mio marito Giacobbe/Israele non corse alcun rischio con Esaù? Suo fratello lo raggiunse alla testa di quattrocento uomini, ma non aveva intenzioni malvagie: scese da cavallo, gli corse incontro, lo abbracciò. Israele gli mostrò la sua famiglia, le sue schiave, i suoi figli. Gli indicò me e Rachele, che ci davamo la mano. A Esaù sfuggì una smorfia di perplessità. Poi si rivolse a Israele: «Cosa significa la carovana che mi hai mandato?».

«Sono i miei regali, accettali.»

«Grazie, fratello mio. Rientriamo assieme?»

«No, tu vai avanti. Il mio seguito necessita del suo tempo, soprattutto i piccoli del bestiame, non posso strapazzarli.»

Così quel giorno Esaù si incamminò verso Seir, mentre Giacobbe giunse alla città di Sichem, già in terra di Canaan, e si accampò di fronte alle mura. Lì comprò dai figli di Khamor l'Hivveo una porzione di campagna e diede in cambio cento pezzi d'argento, senza sospettare che un grande sopruso incombesse su di noi.

Un giorno, nostra figlia Dina volle andare in città. Era curiosa, avrebbe voluto incontrare altre ragazze della sua età, essendo l'unica figlia femmina e sentendosi molto sola. Noi pensavamo che la comunità fosse un luogo sicuro. Ma la vide Sichem, che si chiamava come la città, ed era il figlio di Khamor. Cosa accadde in quel momento? Cosa succede ogni volta che un uomo, nel corso dei secoli, decide di prendere con forza una donna? Prima di allungare le sue grinfie su di lei, lui la puntò come un lupo affamato guarda un agnello.

Ci arrivò poi notizia che Dina era stata disonorata

da Sichem, mentre i nostri figli erano in campagna. Era stata poi portata nella casa di lui, dove volevano riparare la violenza con una proposta di matrimonio. In quel momento – io che per anni ero vissuta attraverso la luce riflessa dei figli maschi – mi accorsi di avere una figlia femmina. Pensai a tutte le volte che l'avevo trascurata. Quante volte l'avevo affidata alle serve, riservando le cure ai suoi fratelli. Quante volte l'avevo rimproverata con parole implacabili, mentre ai maschi perdonavo tutto. Quante volte la liquidavo sbrigativamente, imponendole dei servigi per il resto della famiglia, poiché la collocavo quasi all'ultimo posto, poco prima della servitù: era soltanto una ragazzetta. Non avevo mai speso tempo nel prodigarle raccomandazioni: forse anche per questo lei, così ingenua, così sprovveduta, era finita nella tana del lupo? Ora tali verità mi schiaffeggiavano con un'evidenza cocente, che avevo sempre ignorato. *Dina mia, perdonami.*

Lacrimai prima in silenzio, poi con più intensità.

La mia piccola Dina, la immaginavo in una casa straniera, abusata, magari maltrattata dalla madre e dalle sorelle del suo persecutore, e lei che non sapeva come difendersi, chinava il volto e si vergognava così tanto, quando lui la spogliava delle vesti, che forse le mancava anche il respiro.

Avrei voluto correre in città, bussare a ogni porta per trovarla e riportarmela qui. Sarei stata una madre diversa, avevo capito in un colpo tutti i miei errori. Ma Giacobbe mi trattenne e intanto mia sorella Rachele mi abbracciava, rincuorandomi sottovoce.

Quando rincasarono i figli, i miei occhi, già fragili e

opachi, erano rossi e il pianto si era trasformato in un grido disperato. I fratelli erano imbestialiti per l'accaduto. Venne poi Khamor, il padre dello stupratore, a cercare di sistemare la questione, e parlò direttamente con mio marito.

Erano due uomini avveduti, uno di fronte all'altro, con la fronte bassa. Khamor dispiaciuto per l'infamia, Giacobbe in pena, ma non quanto me. Se avessero rapito Ruben, si sarebbe fatto in quattro per riaverlo. Ma allora bisognava contrattare e quel signore veniva in pace. Ci stupì tutti, appena aprì bocca.

«Mio figlio ha sbagliato e vi chiedo scusa anche a nome suo. Ma ora vuole riparare sposando la ragazza.»

Mi intromisi, sebbene sapessi che mi avrebbero malgiudicata.

«Le avete chiesto se è d'accordo?»

Mi fulminarono con un'occhiata e Khamor continuò a parlare come se io non esistessi: «Se accettate il matrimonio riparatore, i nostri popoli potranno mescolarsi. Vi permetteremo di entrare città e acquistare degli spazi, i vostri figli si sposeranno con le nostre figlie e avremo un futuro insieme».

L'uomo si accorse che i miei figli scalpitavano, lesse contrarietà sui loro volti e alzò la posta.

«Possa io trovare grazia ai vostri occhi: vi darò tutto ciò che mi chiederete. Aumentate di quanto volete il prezzo nuziale, ma dategli la ragazza in moglie.»

Allora i miei figli addussero la scusa della circoncisione, dicendo che non avrebbero potuto mescolarsi a un popolo che non la praticava. Quindi non avrebbero potuto concedere la loro sorella a un tizio non circonciso: sarebbe stato un disonore per la nostra comunità. A meno che tutti i cittadini non accettassero di piegarsi a quell'usanza.

Il patto fu siglato e tutti gli uomini si fecero tagliare il prepuzio. Ma qualcosa andò storto, subentrò un'infezione, la febbre imperversava. Nel momento della debolezza, i fratelli di Dina agirono. Proprio mentre erano essi sofferenti, Simeone e Levi impugnarono la spada, mentre io, dalla soglia della tenda li guardavo con occhi benedicenti. Nel mio cuore approvavo i loro piani sanguinari, ma con la voce tacevo.

Irruppero nella città e procedettero alla vendetta. Uccisero tutti i maschi, cercarono la casa del violentatore Sichen, passarono a fil di spada lui e suo padre Khamor, guardandoli dritto negli occhi, senza clemenza. Si portarono via Dina, che aveva assistito spaventata. Saccheggiarono la città, razziarono il bestiame minuto e grasso e tutti i beni, condussero via come schiavi le loro donne e i loro bambini.

Quando rincasarono, riabbracciai mia figlia tra le lacrime. Le avrei restituito il tempo e l'affetto che non le avevo mai regalato. Mia sorella versava in un angolo lacrime di gioia per la nipote ritrovata.

Giacobbe redarguì aspramente i figli. Loro lo ascoltavano con la faccia di chi non ammette di avere torto. Sarà stata la giovane età, sarà stato l'istinto di protezione nei confronti della sorella, sarà stato il sorriso di benvenuto con cui avevo accolto il loro ritorno, fatto sta che gli risposero: «Perché ci rimproveri? Avresti preferito che nostra sorella venisse trattata come una prostituta?».

Un silenzio bruciante seppellì la questione.

Così partimmo di nuovo, scomposti ma riuniti, diretti a Bethel, nella terra di Canaan. Prima, però, Giacobbe volle che gli consegnassimo gli idoli e i pendenti che avevamo alle orecchie, per seppellirli sotto a una quercia. Da tempo voleva liberarsi dei nostri dèi. Non avevamo scelta.

Una volta arrivati, lui innalzò un altare a Dio e una stele di pietra sulla quale fece una libagione e versò olio.

Dio ci avrebbe davvero aiutati? Lo speravo, ma ne dubitavo al contempo, perché subito si susseguirono due eventi funesti.

Rachele perdeva forze ogni giorno che passava. Il pancione era sempre più pesante, come un enorme otre che si trascinava su gambe magrissime. Aveva continui mancamenti e il colorito era così cereo che quasi le era scomparso lo scarlatto delle labbra. Levammo l'accampamento di Bethel e partimmo verso Efrata. Ma poco prima di arrivare, lei ruppe le acque e arrivò il momento del parto. Fu lungo e doloroso, l'ostetrica era impotente, non era in grado di aiutarla se non a parole. Pensò di rincuorarla dicendole che era nato un maschio, e proprio in quel momento Rachele socchiuse gli occhi. La fessura tra le palpebre era il tempo che le rimaneva.

«Sorella mia, resta con noi!» urlavo, asciugandole il sudore con un panno bagnato. «Rachele! Lo senti il bimbo che piange? Devi riprenderti, tuo figlio ti aspetta!»

Lei ormai non mi udiva più né sentiva le mie lacrime che le cadevano sulle guance né la mia mano che stringeva forte la sua.

Il soffio di vita le volò via mentre Beniamino, il tredicesimo figlio, piangeva come un forsennato: questo il nome assegnatogli dal padre, che significa «figlio della mia destra» ovvero prediletto. Giacobbe eresse sul sepolcro di Rachele una stele sulla quale lasciai metà del mio il cuore.

Eravamo ancora sconvolti per il lutto quando arrivammo a Migdal-Eder e rizzammo le tende. Io mi occupavo di Beniamino, attenta che non gli mancasse nulla. Cercai una nutrice tra le schiave che lo allattasse, lo coprivo col calore umano del mio corpo, col mio sguardo costante. Cercavo anche di coinvolgere Dina, che non aveva voluto dirmi nulla di ciò che le era accaduto. Aveva ragione: se consideri una persona invisibile per anni, non puoi pretendere che all'improvviso si confidi con te. Io però non desistevo, volevo tenerla impegnata, le chiedevo di cullare il piccolo o cantargli una ninna nanna soporifera. Ero così distratta che non capii che Ruben aveva commesso un atto grave. Ne venni a conoscenza quando sentii le grida di Giacobbe così alte che temevo sarebbero cadute le tende.

«Come hai potuto giacere con tua madre?»

«Bilha non è mia madre!» rispose lui.

Già da tempo Ruben si era fatto rivoltoso. Dopo lo stupro di Dina, non credeva più all'autorità del padre.

«È la schiava di mia moglie, ciò significa che hai commesso incesto. Hai profanato il mio giaciglio!»

«Tu lo chiami incesto. Io lo chiamo in altro modo.»

Giacobbe lo scrutò con odio, pregustando un castigo: «Perderai il diritto di primogenitura, stavolta l'hai fatta troppo grossa!».

Quindi Ruben era stato con Bilha, schiava di Rachele. Schiava di una bellezza straripante, certo. Pelle ancora fresca, gambe da gazzella e occhi da lince. Per mio marito era un atto inammissibile. Eppure non c'era tempo per i litigi, Giacobbe sentiva che stava giungendo il momento dell'estremo saluto per suo padre e si recò a Kiriat-Arba, a Hebron, dove Isacco morì a centottant'anni. Così ci stabilimmo definitivamente nella terra di Canaan.

Se io dalla morte di Rachele avevo imparato ad amare i miei nipoti come se li avessi partoriti dal mio stesso ventre, Giacobbe aveva continuato a prediligere i due figli avuti da Rachele, in particolare Giuseppe. Poiché Beniamino si era affezionato tantissimo a me e io ricambiavo il suo amore, Giacobbe sentiva più suo il primo nato da Rachele. Giuseppe era sempre sorridente, la sua era la bontà tipica di chi è abituato a ricevere quotidianamente amore. Solo per lui, Giacobbe – avaro di regali – aveva confezionato una tunica a maniche lunghe. E Giuseppe cresceva coccolato, consapevole di essere il prediletto. Senza mai tirarsi indietro quando qualcuno gli chiedeva un favore. Certo, quella posizione di favore ogni tanto gli faceva dire delle sciocchezze. Come quando un giorno, mentre erano tutti intenti al lavoro nei campi, lui raccontò di aver visto in sogno i covoni dei fratelli maggiori che si inchinavano davanti al suo covone. Essi lo giudicarono vanaglorioso. Un'altra volta riportò di aver sognato che il sole, la luna e undici stelle si prostravano ai suoi piedi. Era chiaro cosa coltivasse, di notte, la sua fervida fantasia. Avrebbe dovuto tenersi tutto per sé anziché condividere e instillare il sospetto. Ma era giovane e voleva piacere ai fratelli, non sapeva ancora cosa fosse la cautela.

Come spesso accade, quando l'amore viene tributato in maniera esclusiva soprattutto a uno, gli altri fratelli cominciarono a odiarlo. Per coalizzarsi contro di lui bastò l'occasione giusta, quando il padre li mandò a pascolare il bestiame a Sichem. Tutti tranne Beniamino. Se io avessi immaginato, li avrei subito fermati! Dapprincipio pensarono di approfittare di quel viaggio per ammazzare Giuseppe, per poi raccontare che una bestia feroce lo aveva divorato.

Ma Ruben ebbe il buonsenso di proporre un'alternativa. Disse che non potevano ucciderlo, era pur sangue del loro sangue. Forse temeva la punizione del padre? Cosa gli restava da perdere, ora che era stato privato del suo titolo di primogenito? Certo era una gara impari: se Giacobbe avesse perso Giuseppe per colpa dei suoi fratelli, come avrebbe reagito? Li avrebbe uccisi con le sue mani? Forse Ruben ammorbidì le cose sapendo quanto io ci tenessi a tutti loro? O fu semplice umanità quella che lo spinse a opporsi a coloro che cospiravano il fratricidio? Propose di gettarlo in una cisterna, giusto per dargli una lezione, e mise tutti d'accordo. Lo spogliarono della fatidica tunica che gli aveva donato il padre e lo gettarono giù al buio, augurandogli di fare tanti bei sogni. Poi si sedettero e si misero a mangiare come se niente fosse.

Ma al sopraggiungere di una carovana di Ismaeliti, Giuda ebbe un'idea: «Vendiamolo!».

«Cosa?!»

«Vendiamolo in cambio di venti sicli d'argento. Avremo ottenuto due vantaggi: ci saremo sbarazzati di lui e ne avremo un guadagno.»

Presero la tunica del fratello, quel regalo che avevano tanto invidiato, la ridussero a brandelli, la intinsero nel sangue di un capretto scannato e la mandarono al padre, col messaggio che una bestia feroce lo aveva divorato. Giacobbe si stracciò le vesti, si pose ai fianchi una tela di sacco in segno di lutto, e pianse a lungo.

Così, mentre noi in casa ci disperavamo per le ultime sventure, Giuseppe venne condotto in Egitto. Io sospettavo che i ragazzi avessero combinato qualcosa, ma mi nascosero la verità. Persino Ruben era sfuggente, l'avevano combinata troppo grossa e proclamavano con volti innocenti la loro costernazione. Così il resto della storia lo scoprii anni dopo, quando i nodi vennero al pettine.

Putifar, dignitario egiziano al servizio del faraone e capo delle guardie, comperò Giuseppe dagli Ismaeliti. Ma il ragazzo non era più ingenuo, anzi. Putifar si accorse che era sveglio, previdente, accorto e gli affidò mansioni sempre più importanti, fino a farlo divenire il suo braccio destro. Giuseppe amministrava gli averi e l'altro si fidava del ragazzo al punto da non chiedergli conto di nulla.

La moglie di Putifar, però, aveva messo gli occhi su Giuseppe e cercava di affascinarlo. Ma Giuseppe era così devoto che mai e poi mai avrebbe tradito il suo benefattore. Dopo aver liquidato i servi, lei gli si presentava in vesti eleganti, con gli occhi truccati di nero e di blu, invitante nello sguardo, ma lui eludeva i corteggiamenti – o forse, semplicemente, non gli piaceva. Finché un giorno la donna osò di più e lo invitò a sedersi accanto a lei. Si era ricoperta di un profumo a base di giglio, mirra e cannella e anche i capelli erano cosparsi di delizioso unguento.

Lui si sedette, era pur sempre la sua padrona. Ma quando lei tentò di spogliarlo, il ragazzo scappò via, lasciandole in pugno il suo mantello. Sentendosi disprezzata, lei corse dal marito e accusò Giuseppe di aver attentato alla sua purezza, adducendo come prova quel mantello che gli aveva strappato di dosso.

Giuseppe finì in prigione, dove erano stati arrestati anche due ufficiali del faraone: il capo dei coppieri e quello dei panettieri. Vivendo in condizioni miserrime, i tre trascorrevano il tempo a rammentare i tempi d'oro e a raccontarsi i sogni: Giuseppe si fece coraggio e si ricordò il suo rapporto privilegiato coi sogni. Cominciò a interpretarli, conquistandosi la stima dei detenuti e delle guardie.

In occasione del compleanno del faraone, venne concessa un'amnistia e i detenuti furono rilasciati. Il gran coppiere venne addirittura riabilitato presso la corte reale, quando il faraone indisse tre giorni di festeggiamento per il suo compleanno. Un po' alla volta rientrò nelle sue grazie e, in occasione di una circostanza particolare, si ricordò del saggio ragazzo che aveva conosciuto in prigione.

Lo fece convocare al cospetto del nuovo faraone, Ramses, che già aveva consultato i più potenti indovini del regno su un dilemma che lo attanagliava. Giuseppe era stato rasato e vestito a nuovo, come conveniva la circostanza, ma non si sentiva a suo agio di fronte a quell'uomo che tutti consideravano un dio in Terra. Tuttavia, avrebbe soltanto voluto accontentarlo e ascoltò attentamente quel re che gli parlava da una posizione sopraelevata.

«Ho fatto dei sogni strani, ma nessuno mi sa dire cosa significhino» gli disse con volto preoccupato. «Mi hanno riferito che tu li sai interpretare: è vero?»

«Ci posso provare.»

«Presso le rive del Nilo, ho visto uscire dal giuncheto sette vacche bellissime e pasciute, che si sono messe a pascolare. Subito dopo, però, ne sono uscite altre sette, magre e malmesse, che hanno soppiantato quelle grasse. Stesso sogno con sette spighe di grano, floride e dorate, divorate da altre sette spighe smilze e aride.»

«Sono due sogni che si sovrappongono in uno solo.»

«Cosa significa?»

«Il secondo rafforza il primo.»

«Vale a dire?» chiese lui, quasi spazientito.

«Ci saranno sette anni di abbondanza, cui seguiranno sette anni di carestia. Questo è un segnale di avvertimento: tenete da parte un quinto dei raccolti abbondanti, per distribuirlo nei periodi di magra. Nominate un preposto ai lavori e funzionari incaricati di riscuotere il quinto.»

Ramses, dopo giorni di angosciosa attesa, si sentì quasi sollevato e nominò Giuseppe responsabile dei provvedimenti per contrastare la carestia. Ci furono i sette anni di abbondanza e Giuseppe fu previdente: riuscì a far immagazzinare al paese il fabbisogno per i sette anni neri in previsione. Quando essi giunsero, imperversò la carestia ovunque, non solo in Egitto. Ma nel paese delle piramidi la gente non pativa la fame, perché viveva delle scorte precedenti.

Giuseppe intanto aveva acquisito autorità, era stimato e riverito, il suo lavoro lo faceva sentire importante. Ogni tanto lo colpiva la staffilata della nostalgia e pensava al suo amato padre e al fratellino più piccolo, Beniamino, cui era tanto legato. Perché i suoi fratelli lo avevano venduto? Cosa stavano facendo, si rallegravano della sua assenza o si erano pentiti? Lo credevano morto?

Fu un periodo durissimo e tante persone approdavano in Egitto per acquistare il grano. Tra esse, anche i fratelli di Giuseppe, gli stessi che lo avevano venduto in cambio di venti sicli d'argento. Mancava solo Beniamino: siccome era l'unico figlio nato da Rachele che gli restava, il padre Giacobbe temeva a farlo andare via, sia mai che anche a lui capitasse qualcosa.

I fratelli giunsero davanti a Giuseppe e non lo riconobbero, troppi eventi lo avevano cambiato, era inoltre truccato e vestito alla maniera egizia. Essi gli si prostrarono ai piedi, supplici, col volto a terra non era facile identificarlo. Essi dissero che volevano comprare viveri, avevano macinato tanta strada per il cibo. Lui li osservò con severità e li accusò: «Siete delle spie!».

«No, mio signore! Veniamo da Canaan, siamo fratelli e vorremmo solo acquistare delle scorte.»

«Avete altri fratelli?»

«Ne è rimasto a casa uno solo, si chiama Beniamino.»

«Bene, allora fatelo venire. Non partirete finché lui non vi avrà raggiunti qui. Vedremo se ciò che dite è vero: nel caso contrario, significa che siete delle spie. In prigione!»

Vennero rinchiusi in carcere, ma poi Giuseppe si sentì trafiggere dai sensi di colpa: erano pur sempre i suoi fratelli e chissà a casa quanti digiuni stavano soffrendo. Li visitò e decise di lasciarli andare, tutti tranne uno, che sarebbe rimasto in pegno – e scelse Simeone. In cambio, però, voleva che loro gli portassero il fratello mancante, altrimenti sarebbero stati guai. I fratelli subirono quelle minacce come una punizione. Parlavano tra di loro, si accusavano, Ruben li rimproverò per ciò che avevano fatto a Giuseppe, che non avevano riconosciuto e credevano ormai perduto per sempre. Tutto questo accadeva senza l'intermediazione dell'interprete, ma Giuseppe capiva tutto. Un gran dolore gli premeva al petto e tratteneva le lacrime.

Poi Giuseppe provvide a rifornirli e non volle soldi in cambio, fece rimettere i soldi dentro ai sacchi di grano. Quando i fratelli, in sosta per il viaggio, se ne accorsero, rimasero stupefatti. Lo raccontarono al padre, ma lui non voleva lasciare andare Beniamino: «Già ho perso Giuseppe, Simeone l'avete lasciato in Egitto, ora non potete togliermi anche il secondogenito nato dalla mia amata Rachele!».

«Padre, ma ti prometto che torneremo e ti riporteremo intatto il tuo caro Beniamino» insisteva Ruben.

«Di te dovrei fidarmi? Tu che sei giaciuto con Bilha, commettendo incesto? Se capitasse una disgrazia durante il viaggio a mio figlio, io non reggerei. Voi precipitereste la mia angosciosa vecchiaia nello Sheol, nel regno dei morti.»

«Te lo riporterò. In caso contrario, tu farai morire i miei due figli.»

A nulla valsero i miei tentativi per convincerlo, poiché rivolevo indietro il caro Simeone e mi fidavo di Ruben. Non era più un ragazzino discolo, ma un uomo che amava i suoi figli, non li avrebbe mai dati in garanzia se non fosse stato certo del ritorno.

Giacobbe tentennava, ma intanto era il secondo anno che perdurava la carestia e il grano era finito. Noi ci guardavamo sgomenti, pensando a cosa inventarci per sopravvivere. Così il padre fu costretto ad accettare, seppur a malincuore, e diede le seguenti disposizioni: «Portate a quell'uomo doni scelti della nostra terra: balsamo, miele, resina e ladano, pistacchi e mandorle. Prendete anche il doppio del denaro, così gli restituirete indietro quello che vi ha nascosto nei sacchi, magari è stato un errore».

Quando arrivarono in Egitto, dopo un altro viaggio sfinente, scoprirono che non c'era stato un errore, almeno così spiegò il sovrintendente della casa di Giuseppe. Era stato Dio a mettere quei soldi dentro alle sacche. Diede loro acqua affinché si lavassero i piedi, fece foraggiare i loro asini e disse di aspettare Giuseppe, ché avrebbero pranzato assieme.

Essi attesero con trepidazione. Giungeva dalle cucine il profumo della carne arrostita, la fragranza di pane schiacciato appena sfornato, l'odorino invitante di molohkia, una zuppa di verdura cucinata dall'inconfondibile sapore di aglio. Quando si presentò al loro cospetto Giuseppe, splendido in abiti sgargianti, essi si prostrarono ai suoi piedi. Lui li invitò ad alzarsi, con le sue mani inanellate.

«Avete fatto buon viaggio? Sta bene il vostro vecchio padre?»

«Sì, sta bene, grazie. Chiede solo di rivedere tutti i suoi figli.»

«Li rivedrà» rispose Giuseppe e li guardò uno a uno. Poi posò gli occhi sul suo amatissimo fratello e fece finta di non riconoscerlo.

«Costui è il vostro fratello più giovane?» loro annuirono e lui corse via perché non riusciva a trattenere le lacrime. Dopo aver pianto nella sua stanza ed essersi lavato il volto, si ripresentò nella sala e ordinò che il pasto venisse servito. Gli ospiti mangiarono a parte, separati dagli egiziani, perché sarebbe stato un abominio per gli egiziani pasteggiare insieme agli ebrei. Lui stava seduto davanti a essi, disposti per età, dal più grande al più piccolo: ed essi si stupirono immensamente quando notarono che la porzione elargita a Beniamino era cinque volte maggiore della loro. Non capirono come mai, così come non capirono perché, prima vennero mandati via coi sacchi pieni di grano, poi furono raggiunti dallo stesso sovrintendente e accusati. Proprio lui, su ordine di Giuseppe, aveva riempito i sacchi e aveva infilato una coppa preziosa in quello di Beniamino. Li accusò di furto, pretese che venissero aperti i sacchi di ciascuno e in quello di Beniamino venne ritrovata la coppa. Quelli restarono di sasso, e furono rispediti nella nobile casa di Giuseppe.

Si pretese che Beniamino restasse in Egitto e a nulla valsero le suppliche di Giuda, che tentò di intenerire Giuseppe, spiegando che il loro padre sarebbe morto di dolore se non avesse potuto riabbracciare il suo Beniamino. Giuseppe a un certo punto sbottò, mandò fuori dalla stanza gli egiziani e si svelò ai suoi fratelli.

Immagino quanto essi siano rimasti atterriti, dopo quello che gli avevano fatto. Ormai li consideravo tutti miei figli, non c'era distinzione tra quelli nati da Rachele e quelli nati da me: mi indignavo e commuovevo allo stesso modo per ciascuno di essi. Giuseppe piangeva, essi erano mortificati. Capirono, quel giorno, che spesso si devono fare i conti con i propri sbagli?

Fu Giuseppe a rincuorarli: «Ormai ciò che è stato è stato».

«Non ci punirai per il male che ti abbiamo fatto?»

«Sono io forse al posto di Dio? Lui mi ha mandato qui prima di voi per un'opera di salvezza. Se voi avete ordito del male contro di me, il Signore l'ha trasformato in bene. Riferite a nostro padre la gloria di cui beneficio in Egitto e tornate qui tutti insieme, ché non patirete più per la carestia.»

Abbracciò forte Beniamino e pianse insieme a lui. Immagino gli altri, che timidamente si stringevano attorno ai due in un cerchio fatto di meraviglia, pentimento, affetto. Poi un po' alla volta presero coraggio, si avvicinarono, li toccarono commossi e in breve tempo fu per tutti un tripudio di lacrime, baci e abbracci.

Li congedò riempiendoli di regali: diede a ciascuno un cambio di vestiti, a Beniamino aggiunse trecento sicli d'argento e cinque abiti nuovi. Al padre mandò dieci asini carichi dei migliori prodotti d'Egitto e dieci asine con pane, grano e vettovaglie.

Quando arrivarono a casa, Giacobbe fu felice ma io di più: anche se non lo manifestavo, sentivo il cuore scoppiare di gioia. Non stava bene che m'intromettessi, mentre loro raccontavano al padre le cose strabilianti che erano accadute. Non omisero nulla, nemmeno la loro azione nefanda. Quello li ascoltava attonito. Aveva centotrent'anni e in vita sua, tra le tante emozioni provate, nessuna era mai stata così sconvolgente.

La buona notizia fu che Giacobbe decretò che dovessimo partire immediatamente, anche Dio gli era apparso in sogno e l'aveva confermato: dovevamo andare noi tutti, inclusi i numerosi discendenti e nei giorni seguenti fu un gran daffare con sacchi, preparativi da allestire. Giacobbe fece levare le tende da Canaan e a Bersabea stazionammo per i sacrifici, offerti sia a Dio sia a Isacco, poi la carovana coi suoi carriaggi malcerti riprese la marcia, al movimento flemmatico di asini e bestiame che seguivano controvoglia.

Approdammo nella terra di Gessem e ci raggiunse Giuseppe. L'incontro ci scatenò sentimenti devastanti. I fratelli temevano ancora la sua ira, il padre non stava nella pelle, io mi sentivo come chi sta per rivedere un morto. Era il figlio di Rachele e abbracciare lui avrebbe significato anche stringere di nuovo l'esile corpo di mia sorella.

Tutti i maschi fecero festa, a noi donne bastò assistere. Giuseppe si attaccò al collo del padre e così rimasero a piangere a lungo. Ritrovò con grande affetto i fratelli, poi si rivolse a me, soltanto prendendomi la mano. Ricordava quanto riservato e silenzioso fosse il mio amore, anche l'esultanza era affare di uomini.

Giuseppe fu comunque generoso, mandò Giacobbe e i fratelli al cospetto del faraone, che ci accolse con generosità e ci accordò il permesso di soggiornare nella zona migliore d'Egitto, contornata da palmeti e datteri, gli uomini avrebbero continuato a pascolare con la carica di sovrintendenti degli altri pastori. Ci venne donata una proprietà del territorio di Ramses, incluso un rifornimento di pane corrispettivo al numero dei bambini. Non avevamo più niente di cui lamentarci: ai miei figli, a mia figlia, alle nuore, ai nipoti e alle nipoti non sarebbe mancato nutrimento. Eravamo sereni e orgogliosi per tutto ciò che era riuscito a costruire Giuseppe, lì tenuto in altissima considerazione, stimato come uno di loro in terra straniera, potente come un visir. Ma la vecchiaia si era posata su di noi già da troppi decenni e Giacobbe, prossimo a morire, era cieco e malato. Lui che talvolta aveva criticato i miei occhi fragili, ora avrebbe volentieri fatto cambio. Convocò il suo pupillo, per benedire i suoi nipotini nati in Egitto, Efraim e Manasse: «Giuseppe, la mia vita qui sta finendo, ma io muoio felice. Ho rivisto te e la tua figliolanza».

«Padre...» e sgorgarono le lacrime.

«Dio sarà con voi e vi farà tornare nella terra dei vostri padri. Ti voglio regalare un dorso di montagna che ho strappato dalle mani degli Amorrei con la mia spada e il mio arco.»

Volle che tutti i suoi dodici figli venissero al suo capezzale, per benedire le dodici tribù che sarebbero conseguite, ma anche per lasciare il suo testamento. Aveva centoquarantasette anni e non esitò a emettere le sentenze che gli premevano in petto. Li chiamò uno a uno, i capostipiti delle dodici tribù di Israele, colpendoli con le sue parole profetiche, dense di benedizioni, foriere di sciagure, predizioni del cielo di sopra ma anche degli abissi.

«Ruben, tu sei il mio primogenito, il mio vigore e la primizia della mia virilità, esuberante in fierezza ed esuberante in forza! Bollente come l'acqua, tu non avrai preminenza, perché hai invaso il talamo di tuo padre e hai violato il mio giaciglio su cui eri salito. Simeone e Levi sono fratelli, strumenti di violenza sono i loro coltelli. Nel loro conciliabolo non entri l'anima mia, al loro convegno non si unisca il mio cuore. Perché con ira hanno ucciso gli uomini e con passione hanno storpiato i tori. Maledetta la loro ira, perché prepotente, e la loro collera, perché crudele! Io li dividerò in Giacobbe e li disperderò in Israele. Giuda, ti loderanno i tuoi fratelli; la tua mano sarà sulla nuca dei tuoi nemici; davanti a te si prostreranno i figli di tuo padre. Un giovane leone è Giuda: dalla preda, figlio mio, sei tornato; si è sdraiato, si è accovacciato come un leone e come una leonessa; chi oserà farlo alzare? Non sarà tolto lo scettro da Giuda né il bastone del comando tra i suoi piedi, finché verrà colui al quale esso appartiene e a cui è dovuta l'obbedienza dei popoli. Egli lega alla vite il suo asinello e a scelta vite il figlio della sua asina, lava nel vino la veste e nel sangue dell'uva il manto; lucidi ha gli occhi per il vino e bianchi i denti per il latte. Zabulon abiterà lungo il lido del mare e sarà l'approdo delle navi, con il fianco rivolto a Sidone. Issachar è un asino robusto, accovacciato tra un doppio recinto. Ha visto che il luogo di riposo era bello, che il paese era ameno; ha piegato il dorso a portar la soma ed è stato ridotto ai lavori forzati. Dan giudicherà il suo popolo come ogni altra tribù d'Israele. Sia Dan un serpente sulla strada, una vipera cornuta sul sentiero, che morde i garretti del cavallo e il cavaliere cade all'indietro. Io spero nella tua salvezza, Signore! Gad, assalito da un'orda, ne attacca la retroguardia. Asher, il suo pane è pingue: egli fornisce delizie da re. Neftali è una cerva slanciata che dà bei cerbiatti. Germoglio di ceppo fecondo è Giuseppe; germoglio di ceppo fecondo presso una fonte, i cui rami si stendono sul muro. Lo hanno esasperato e colpito, lo hanno perseguitato i tiratori di frecce. Ma è rimasto intatto il suo arco e le sue braccia si muovono veloci. Le benedizioni di tuo padre sono superiori alle benedizioni dei monti antichi, alle attrattive dei colli eterni. Vengano sul capo di Giuseppe e sulla testa del principe tra i suoi fratelli! Beniamino è un lupo che sbrana: al mattino divora la preda e alla sera spartisce il bottino.»

Giuseppe gli gettò le braccia al collo e pianse sulla sua faccia. Lui accettò di essere imbalsamato, una volta morto, secondo le pratiche egizie che prevedevano quaranta giorni di preparativi.

Io osservavo in fondo alla tenda, ero sempre stata lì. Mi chiamò per ultima e mi puntò addosso il suo sguardo vitreo con un'intensità che non avevo mai visto, come se per la prima volta, ora che era cieco, avesse voluto davvero guardarmi dentro. Per un istante ricordai i tempi in cui ero invisibile, l'umiliazione di essere sempre la seconda, il martellare della passione sempre rimasta inappagata. Ora che non mi interessava più, ora soltanto il mio anelito si stava esaudendo in maniera inaspettata. Tutti noi avevamo ricevuto qualcosa nel momento sbagliato. Rachele i figli, quando ormai per lei la vita stava finendo. Lui non si era mai reso conto di ciò che stringeva tra le mani e aveva ambito sempre a qualcosa oltre ciò che le sue mani potevano afferrare. Io avrei voluto solo essere inclusa nella sua vita, visto che mai avrei potuto pretendere amore. Invece, prima di morire, chissà cosa gli sovvertì la visuale, poiché allungò la sua mano magra e tremante verso di me e pronunciò la più grande dichiarazione d'amore che un uomo, nel momento del trapasso, possa proferire: «Voglio che un giorno, quando sarà il momento, tu venga sepolta accanto a me. Nella caverna del campo di Machpela, di fronte a Mambre».

La stessa caverna che suo nonno, il patriarca Abramo, aveva acquistato da Hefron l'hittita per l'amatissima moglie Sara, laddove già riposavano Isacco e Rebecca.

E io, che finalmente avrei potuto essere felice, mi accorsi all'istante che il mio bisogno di lui si era ripiegato negli anni su se stesso, fino a scomparire. Quelle parole un tempo mi avrebbero dispiegato l'immenso, in quel momento, invece, mi scivolarono addosso scosse da una profonda nostalgia, e consumata da un nuovo desiderio, impossibile da realizzarsi: che mia sorella Rachele giacesse per sempre con noi.

Esodo

Miriam

1250 a.C.

Io sono Miriam, la profetessa. Fin da piccola avrei voluto nascere uomo per essere libera. Qui in Egitto le donne ebree vagavano sottomesse tra i sottomessi. È comprensibile che io abbia trascorso i primi anni della mia vita in una bolla di paura. Non si può capire quello che prova un popolo oppresso se non si attraversano le sue sofferenze. Il suo degrado, le sue mutilazioni. I miei narravano le vicende di Giuseppe e della sua famiglia, quando gli ebrei erano tenuti in grandissima considerazione, qui in Egitto. L'eco di quelle imprese mi sembrava troppo lontana, quante cose erano cambiate! Come se quelle peregrinazioni fossero accadute in un mondo primordiale. Eppure, tali vicende mi gonfiavano il petto di orgoglio e voglia di riscatto. Già quando ero una ragazza, noi ebrei eravamo disprezzati. Sfruttati fino alla morte. La gente aveva dimenticato che Giuseppe era stato fedele collaboratore di Ramses e aveva aiutato la popolazione ad attraversare incolume la carestia. I regnanti, anche loro di memoria corta, ci trattavano come reietti e gli egizi – gente comune, lavoratori o capocantieri – ci massacravano di lavoro. Io ero nata quando queste malevole abitudini già si erano sedimentate e per me era normale che noi fossimo emarginati, che sfacchinassimo dieci volte tanto rispetto agli altri, che ci venisse negata la dignità. Ci guardavano con disprezzo, come se fossimo creature inferiori. E per un certo tempo io ero convinta che lo fossimo, col nostro colore diverso e le nostre preghiere rivolte a un Dio soltanto. Nemmeno ci rivolgevano la parola se non per lo stretto indispensabile, quasi fossimo lebbrosi.

Quando il nuovo re, Ramses II, giunse al potere, temette che gli israeliti superassero in numero e potenza gli egizi. Uno dei suoi primi provvedimenti fu teso a bloccare la proliferazione delle nostre tribù. Pretese che i preposti ci sferzassero con ritmi insostenibili di lavoro. Alimentò le frustate, l'odio, le privazioni. Ai nostri uomini erano assegnate le mansioni più sfiancanti come la preparazione dell'argilla, la costruzione dei mattoni, i duri lavori di campagna che spaccavano la schiena.

Ma non bastava. Ero poco più che una bambina quando sentii le donne di casa bisbigliare dell'ultima ingiunzione, le voci si confondevano, le parole venivano pronunciate come se le si dovessero tenere nascoste: «Ci vogliono annientare».

«È terribile.»

«Il faraone ha ordinato di ammazzare tutti i maschi che nasceranno.»

Mi tappai le orecchie, ma le voci si insinuarono sotto le dita.

«Le ostetriche devono uccidere i maschi, appena venuti alla luce!»

«E le femmine?»

«Le femmine possono vivere. Ma senza maschi le discendenze si interromperanno.»

«Come li elimineranno?»

«Li getteranno nel fiume. Li annegheranno o li faranno mangiare dai coccodrilli.»

«Povere noi! Non abbiamo scampo...»

Scappai via, pensando al mio fratellino Aronne, che allora faceva i primi passi nel cortile davanti alla nostra casa. Avrei voluto scorrazzare libera come lui, invece ero nata femmina e venivo trattata come un'ombra. Utile soltanto quando lavoravo. Lo trovai, la sua piccola manina tenuta stretta da quella salda di mia madre che, con l'altra mano, si accarezzava preoccupata il ventre prominente. Mi accostai allarmata: «Mamma, se è maschio lo divoreranno i coccodrilli?».

«Cosa dici?»

«L'ho sentito dire in casa, gli egizi ci vogliono far fuori tutti! Se nascerà un altro fratello morirà?»

«No, tesoro, stai tranquilla. Lo salveremo.»

«Come?»

«Ascolta, Miriam...» Esitò un istante, lasciò la mano di Aronne e sentii la sua presa sulle spalle, come a infondermi coraggio. In quel momento lei decise che sarei diventata grande: «È vero, gli egizi ci vogliono distruggere, ma non tutto è perso. Le nostre ostetriche, Sifra e Pua, non si sottomettono agli ordini».

«E non vengono punite per questo?»

«Hanno trovato uno stratagemma per non essere incolpate. Dicono alle guardie che noi ebree non le chiamiamo perché non abbiamo bisogno dell'ostetrica per partorire. Ascolta cos'ho in mente...»

Quando nacque mio fratello, cantavamo a voce alta per coprire i suoi vagiti. La casa risuonava di melodie donnesche. Il popolo degli ebrei sapeva esattamente quanti bimbi maschi stavano nascendo, ma non lo svelavano a nessuno e così ci salvammo per le prime settimane. Ma una volta compiuti i tre mesi, si sparse la voce e sapevamo che sarebbero venuti a prenderlo. Così mia madre mi assegnò il compito più importante della mia fanciullezza, porgendomi una cesta di papiro.

«Mettilo qui dentro e posalo sulle acque del Nilo.»

«Ma io non...»

«Miriam, devi aiutarmi! Non posso farlo io. Se c'è un modo per salvare il bimbo, questo è l'unico. Devi seguire la cesta trascinata dalla corrente. E il Signore sia con noi.»

Eseguii gli ordini impartiti e, quando lo posai sulle acque per affidarlo al fiume, sperai che la mano di Dio lo proteggesse con la sua presa incorporea. Gli misi nel cesto un fiore, raccolto come portafortuna. Feci un sospirone. Il bimbo era tranquillo, non piangeva, si godeva l'inconsapevolezza di chi è venuto al mondo da poco e crede che i pericoli non esistano. Nonostante temessi che l'irruenza del fiume lo sottraesse alla vista, confidai che qualcosa di buono accadesse. Era come un presentimento. Mi appostai a una certa distanza e lo seguii: era un giorno di nuvole leggere, il caldo non ci avrebbe tolto il respiro. E io ero cresciuta all'improvviso, mi sentivo una donna. Importante e piena di responsabilità come una madre.

Camminai e camminai, attraversai canneti, villaggi semispogli, saltai piccoli canali, contai sette tartarughe grandi come la mia testa, mi nascosi da una carovana in transito, caddi più volte, finché la cesta si approssimò alle acque del magnifico palazzo reale.

La Provvidenza volle che la figlia del faraone scendesse al fiume per fare il bagno. Era vestita come una dea, chissà quante ore aveva perso per lasciarsi agghindare così. Ringraziai di essere scalza e selvatica. Non avrei cambiato per nulla al mondo i miei capelli scompigliati con la sua pettinatura di seta, con quella frangetta nera su cui risplendeva un vistoso diadema. Notò che qualcosa di strano galleggiava vicino alla riva e indicò alle sue ancelle la cesta che suscitava la sua curiosità. Mai il fiume portava tali doni. Chiamarono uno schiavo perché si tuffasse a recuperare quell'oggetto insolito. Quando scoprirono che dentro vi era un bimbetto, partirono schiamazzi e risolini. Fecero a gara per spupazzarselo. Io finsi di capitare lì per caso e mi avvicinai. Sentii la principessa restarne incantata dalla bellezza, mentre, tenendolo in braccio, si faceva stringere un dito dalla sua manina. Aveva riconosciuto che era uno dei neonati scampato alla legge spietata e lo guardava con tenerezza: «Poiché è stato salvato dall'acqua, si chiamerà Mosè» disse.

Io presi coraggio e mi feci avanti: «Volete una nutrice ebrea? Io ne conosco una».

Lei mi gettò un'occhiata sbrigativa, completamente

rapita dal primo sorriso sfuggito al piccolo. «Sì, ti saprò ricompensare.»

Quindi spacciai mia madre per nutrice, così la famiglia venne, almeno in parte, ricomposta.

«Si chiamerà Mosè, visto che è stato estratto dall'acqua» sentenziò la ragazza e aggiunse: «Lo tratterò come un figlio».

Così fu, più o meno. Una volta svezzato, divenne uno di famiglia a palazzo reale. Era facile accudirlo, Mosè non faceva capricci, sgranava i suoi occhioni neri per assorbire il mondo e lanciava dei sorrisi pieni da conquistare i cuori. Io avevo con lui un rapporto particolare. Gli avevo insegnato a nuotare lungo le sponde del Nilo, nelle zone più sicure, a scrutare gli ibis, animali sacri. Lo avevo portato nel deserto, una notte all'insaputa di tutti, eccetto di un servitore che avevo corrotto, regalandogli uno scarabeo di calcedonio. Ero la sua eroina e la sua compagna di giochi preferita, del resto i principi di sangue reale lo snobbavano e coi figli degli schiavi era inopportuno che giocasse: severe reprimende li avrebbero puniti. Mentre nostra madre viveva in disparte, nel timore di essere smascherata, Mosè e Aronne mi avevano scelta come riferimento. Detestavo i lavori muliebri, prediligevo gli spazi aperti, il vento in faccia, il brivido delle avventure, i vestiti comodi e i calzari da soldato. Io, Mosè e Aronne: un trio indissolubile. Quante corse, quante arrampicate, quante scoperte!

Ero consapevole della condizione in cui versava la mia gente e, appena cresciuto, avevo raccontato a Mosè quanto venisse sfruttata. Così come gli avevo svelato la storia di Israele, facendogli promettere di mantenere il segreto. Il fatto che fosse tutto così proibito stuzzicava il suo interesse e, fin da ragazzino, ogni sera mi chiedeva dettagli sui progenitori: «Come facevano a starci tutti gli animali sull'arca di Noè?», «Ma Isacco aveva capito che suo padre lo stava uccidendo?», «Come potevano vivere così a lungo i primi patriarchi?», «Quante greggi esattamente possedeva Giacobbe?». Un po' alla volta inseguì la verità e scoprì di essere ebreo. Era già perspicace, accorto, poco incline alle chiacchiere inutili. Quando poteva aiutare qualcuno o sollevarlo da un problema, non esitava a farsi avanti. Tutti gli volevano bene, in molti lo cercavano per ottenere un favore.

Quando divenne grande e gli furono affidati incarichi di rilievo, ero sempre al suo fianco. Io e Aronne eravamo con lui il giorno che avvenne il fattaccio.

Un capocantiere egizio stava maltrattando un ebreo. Agiva con pura perfidia, ricordo ancora i suoi occhi in cui scintillava l'inferno. Infamava l'operaio e i suoi simili. Non bastava che venissimo sfruttati, dovevamo essere anche umiliati. L'operaio veniva colpito senza pietà, a ogni passo barcollava. A un certo punto non riusciva più a muoversi, guardava con la bocca secca il capocantiere, la saliva raggrumata ai lati, gli occhi rossi e accecati dal sole, disossato come un verme, gli sarebbe bastato soltanto un po' di pietà. Un goccio d'acqua. Qualche istante di riposo. Ma l'altro lo colpì al volto con un bastone, l'ebreo cadde a terra, la bocca e il naso grondanti di sangue. Non riusciva ad alzarsi, nonostante gli venisse urlato di farlo, il responsabile cominciò a percuoterlo più forte sulle gambe, sull'addome, sulle braccia che cercavano un riparo, sulla testa. Non so quale istinto atavico abbia spinto Mosè a correre in soccorso della vittima e accanirsi contro l'aguzzino. Gli strappò il bastone dalle mani e cominciò a usarlo contro di lui in una maniera che non avrei potuto prevedere. Lo picchiò e picchiò e picchiò con una forza inaudita. Finché l'uomo giacque immobile in una poltiglia rossa, gli occhi spalancati. Mosè si voltò verso di me e mi guardò ansimante.

Lo nascondemmo nella sabbia, sperando di farla franca. Pensavamo di essere soli mentre lo seppellivano, eppure la notizia si sparse in fretta. Lo capimmo il giorno dopo, quando Mosè cercò di sedare una rissa tra ebrei e uno dei due lo affrontò spavaldo: «Cosa vuoi? Sei forse il nostro giudice? O pensi di eliminarmi come hai fatto con l'egiziano?».

Mio fratello scosse la testa e corse via, io dietro di lui. Per affrontare l'argomento dovemmo macinare miglia e miglia e fermarci nei pressi di un'oasi silenziosa, cui si stavano abbeverando degli addax cornuti.

«Miriam, il fatto è ormai noto. Pensavo che nessuno mi avesse visto.»

«Dobbiamo scappare. Già il faraone ci sopportava di malavoglia. Questa non te la perdonerà.»

«E dove andiamo?»

«Nel Sinai, nella terra di Madian.»

Era come temevo, il faraone aveva già sguinzagliato i suoi cani. Io, Mosè e Aronne ci mettemmo in marcia senza esitare. Poi un giorno ci fermammo a un pozzo per riposare, Mosè sorvegliava le nostre postazioni, mentre io e Aronne ci assentammo per alcuni giorni in giro in cerca di cibo e, quando tornammo colmi di frutti e cacciagione, era tutto cambiato. Mosè ci annunciò che si era sposato.

«Sei pazzo? Lei chi è?» domandai infuriata e delusa. Forse non avrei mai desiderato che si sposasse. Avrei voluto che restassimo per sempre soltanto noi tre fratelli. Senza intrusi. Senza che il tempo scorresse. Come aveva potuto Mosè aspettarsi altro?

Mi raccontò che lei si era avvicinata al pozzo mentre eravamo via, e lui l'aveva difesa da pastori prepotenti che pretendevano di far abbeverare il loro gregge prima del suo. Grazie al coraggio di mio fratello, lei aveva dissetato le sue pecore e si era innamorata di mio fratello. Ma più ancora di lei, suo padre, che aveva proposto le nozze a Mosè. Possibile che lui ci fosse cascato come un allocco?

«Come si chiama questa ragazza?» chiesi, incrociando le braccia sulla difensiva.

«Sephora.»

«Sephora? Che nome è?»

«In ebraico significa "uccello". Non so cosa significhi in etiope.»

«Ti sei preso una donna etiope senza nemmeno consultarmi? Sei forse uscito di senno?» lo attaccai sciogliendo le braccia. Si stava alzando una leggera brezza, il freddo avrebbe inghiottito il deserto di lì a poche ore.

«Cosa c'è di male?»

«Non abbiamo abbastanza problemi? Siamo ebrei e viviamo disprezzati in Egitto, siamo fuggiaschi, non abbiamo una terra, una missione, una destinazione e tu vai a prenderti una ragazza che arriva chissà da dove!»

Lui mi si avvicinò con il suo sorriso buono. «E non

è forse proprio per questo che possiamo aprire il nostro cuore a tutti? Proprio perché siamo oppressi e conosciamo le umiliazioni dell'altrove, dovremmo stare dalla parte degli stranieri.»

Ero furibonda, persino Aronne quella volta difese la sua scelta. Non servì a nulla che io provassi in tutti i modi a distoglierlo.

«Sai almeno qualcosa della sua famiglia? No, vero? Hai visto questa fanciulla al pozzo e avete perso la testa l'uno per l'altra, immagino. Com'è? È scura di pelle?»

«Non importa di che colore ha la pelle.»

«Suo padre lo conosci?»

«L'ho conosciuto, è un sacerdote, mi sembra un brav'uomo. E ora gli parlerete anche voi, perché ci ospiterà. Non dormiremo più in tenda, ma al sicuro nella sua casa.»

«Hai già deciso tutto tu! E dove sarebbe, ora, questa sconosciuta che ti ha rubato il senno?»

Lei uscì dalla nostra tenda. Aveva lunghi capelli corvini intrecciati in una maniera mai vista, che moltiplicavano la lunghezza del cranio, rendendola ancora più alta di quanto già fosse. La sua pelle d'ebano spiccava oltre l'ocra delle distese di dune e i suoi occhi mi parvero i più profondi che avessi mai visto. Li aveva truccati con una biacca sfumata in argento che li facevano somigliare a quelli di un serpente. Mi domandai se sapesse compiere le magie, lei che in così poco tempo era riuscita a incantare mio fratello.

Nemmeno un anno dopo, Sephora partorì Ghershom, che significa appunto «straniero». Ogni giorno Mosè pascolava le pecore del suocero sul monte Horeb, all'inizio talvolta lo seguivo e lo aiutavo a radunare quel gregge immenso. Poi iniziai a restare sempre più spesso a casa, per aiutare Sephora col piccolo. La sua pelle acquisiva un colore bellissimo, un miscuglio nocciola tra quella più chiara di Mosè e quella color ebano della madre. I suoi vagiti erano come un tintinnio di stelle. Questo mi inteneriva, assieme alla constatazione che lei non aveva rotto l'equilibrio del nostro trio: io, Aronne e Mosè progettavamo un futuro migliore per il nostro popolo. Un futuro che in parte io presagivo.

Morì il faraone, e i figli d'Israele, sempre più soggiogati, lanciarono a Dio un grido d'aiuto.

Un giorno Mosè pascolava da solo e, giunto alla cima del monte Horeb, detto anche monte Sinai, notò un cespuglio che ardeva. Ma in maniera strana, restando intatto, così si avvicinò per capire. Lo fissava incantato, le fiamme ondulavano verso il cielo, come un fuoco perenne. Poteva una pianta bruciare e non consumarsi? L'unica spiegazione è Dio vi si celasse dentro. Infatti Mosè mi raccontò che Egli gli si era rivelato: era il Dio dei nostri antenati e aveva ascoltato il grido di dolore del suo popolo.

«Sono sceso a liberarvi dalla stretta egizia. Vi farò uscire da questo luogo pieno di afflizione, verso una terra prosperosa dove scorrono latte e miele, dove abitano i cananei, gli hittiti, gli amorrei, i ferezei, gli hivvei e i gebusei. Tu libererai il tuo popolo.»

«Ma io... chi sono io per fare una cosa così grande?»

«Io sarò al tuo fianco.»

«Se mi domandano chi Tu sei, cosa dirò?»

«Io sono Colui che sono.»

Quel giorno, al suo ritorno giù dal monte Horeb, Mosè sembrava invasato. Ci riferì che Dio gli aveva infuso coraggio e chiese di radunare gli anziani. Fece parlare Aronne e così il popolo ebreo seppe che Egli si era manifestato a Mosè e aveva in serbo la fine del giogo egizio per i Suoi figli. Tutti furono concordi con loro: si sarebbero uniti per il medesimo fine.

Non so con quale temerarietà i miei due fratelli si presentarono al cospetto del sovrano. Mosè andò subito al nocciolo della questione: «Dio chiede di liberare il nostro popolo affinché celebri in suo onore una festa nel deserto».

«Chi sarebbe questo Dio alla cui voce io, sangue divino, dovrei obbedire?»

Che domanda. Come se il faraone non sapesse. Come se non ci avesse già abbastanza ostacolati. Mio fratello rispose con una calma forzata: «Il nostro Dio. Permettici di andare nel deserto, a tre giorni di cammino, per sacrificare a Lui».

«Siete proprio dei fannulloni, voi ebrei. Volete soltanto smettere di lavorare per tre giorni, che sbruffoni! Sai cosa vi dico? Non solo non vi lascerò andare, ma vi toglierò anche la paglia che distribuiamo quando fabbricate i mattoni! Vi arrangerete e ve la procurerete da soli!»

Così le genti d'Israele si sparsero per il paese a raccogliere stoppia per la paglia e i preposti pressavano perché non si concedessero nemmeno un istante di pausa. Ad alcuni furono rotte le ossa a furia di percosse. Altri morirono di stenti, ad altri non resse il cuore e intanto chi comandava li chiamava pigroni. Ci fu chi cercò un capro espiatorio, chi pensò che quella condizione fosse una conseguenza dell'agire di Mosè e lui fu preda dello sconforto. Nel momento della difficoltà gli piovvero addosso le stesse critiche di chi lo aveva elogiato. Lo scorsi, da dietro una palma, rivolgersi a Dio: «Perché, Signore, maltratti questo popolo? Da quando sono andato a parlare col faraone le cose sono peggiorate e tu non hai ancora fatto nulla per liberare Israele dall'oppressione».

Era sfiduciato, temetti di fare una cosa sbagliata a corrergli incontro e abbracciarlo. Volevo dirgli che io sarei sempre stata con lui, qualunque destino Egli ci avesse riservato. Magicamente sbucò anche Aronne da un cespuglio e ci unimmo in una stretta affettuosa: noi tre fratelli eravamo inseparabili. Non c'era bisogno di dirci altro. Mosè ci sarebbe stato con la sua forza prestigiosa, con la sua fede, con il suo cuore grande. Io con il mio impegno. Aronne con il suo eloquio che incantava. Poi Mosè si staccò e ci guardò negli occhi: «Dio ci aiuterà, ma il cuore del faraone sarà una roccia e Dio moltiplicherà i prodigi sulla terra d'Egitto. Sarà come una guerra, ma dalla nostra parte avremo il più grande alleato».

Quando tornarono dal sovrano, stavo un passo dietro di loro, come si conveniva a una donna. Ero però l'unica femmina nel palazzo del potere e venivo interpellata: i maschi mi chiedevano consiglio, forse davvero mi consideravano una profetessa. La voce divina aveva suggerito loro cosa dire, come comportarsi, erano sicuri e spronati dal più grande motivo: affrancare il nostro popolo. Mosè aveva ottant'anni e Aronne ottantatré. Io poco di più, eppure conservavo l'agilità dei movimenti e la snellezza del corpo. Nascondevo i miei capelli canuti raccogliendoli sotto al velo. Eravamo dei vecchi, col cuore che scoppiava per il senso della giustizia. Io non mi ero mai sposata, ero diversa tra le donne, l'unica che poteva parlare a volto alto contrastando i capi. Non a caso il mio nome significa «ribellione».

Il faraone ci ricevette infastidito: «Siete ancora qui? Cosa mi chiedete, stavolta, una settimana di sospensione dai lavori per i vostri sfaticati?».

«Vogliamo molto di più» rispose Aronne con voce pacata. «Devi liberare per sempre il popolo d'Israele.»

Il sovrano sbottò in una fragorosa risata, cui fecero eco quelle degli scribi e dei sacerdoti che lo attorniavano, pettoruti pappagalli adulatori. Poi si ricompose.

«Se il vostro Dio vale qualcosa, mostratemi un prodigio.»

Aronne eseguì ciò che Lui aveva chiesto: prese il bastone di Mosè, lo gettò a terra, e quello si tramutò in serpente. I servi e la corte fecero spaventati un passo indietro. Il faraone convocò i suoi maghi, che mostrarono di saper compiere il medesimo prodigio.

«Solo questo è il portento del vostro Dio?» ci schernì, mentre la sala si riempiva di rettili che strisciavano sul pavimento. Il loro sibilo riempiva l'aria di suoni inquietanti, ma io non urlai, ci voleva ben altro per spaventarmi.

Il faraone si zittì quando vide che il serpente di Mosè stava divorando tutti gli altri. Eppure il suo cuore restò ostinato e noi venimmo cacciati con scortesia.

L'indomani eseguimmo ciò che Dio aveva chiesto a mio fratello.

Mosè attese il faraone lungo le rive del fiume, laddove lui era solito recarsi e, seppur da lontano, distanziato dalle guardie che si frapponevano, gli gridò di lasciare libero il popolo d'Israele. Quello finse di non averlo sentito. Il corteo e gli schiavi anche. Erano sordi, tutti ostinatamente sordi e ruffiani. Allora Mosè urlò: «Vedi questo bastone, lo stesso che si tramutò in serpente?».

Tutti i volti si girarono verso di noi proprio nel momento in cui egli alzò il bastone e percosse l'acqua del fiume. In un battibaleno essa divenne di un rosso torbido, mentre Aronne minacciava: «Ora tutte le acque d'Egitto sono trasformate in sangue, è questo che volete bere? Sangue nei fiumi, nei canali, negli stagni e in tutte le riserve d'acqua!».

Il faraone lo guardò con un sorrisetto infido e rispose: «Il tuo Dio non è niente di speciale: anche i miei maghi lo sanno fare».

Dopo sette giorni si scatenò un altro prodigio. Aronne stese la mano sulle acque e il fiume cominciò a brulicare di rane, il loro gracidare si fece sempre più insistente, esse si insinuarono saltellando come pazze dentro al palazzo, nei letti, nei forni e nelle madie e più venivano schiacciate o uccise, più prodigiosamente si incrementavano.

Ma il cuore del faraone era irremovibile. Intanto l'Immenso continuava a manifestarsi a Mosè, accanto al quale vegliava sempre Aronne. Soltanto io restavo in disparte, ma assorbivo ogni movimento per condivisione.

«Non è una grande stregoneria» commentò il faraone. «Cosa ci vorrà mai a moltiplicare sgorbietti così prolifici? Anche i miei maghi ne sono capaci.»

«Allora chiedi ai tuoi maghi di risolverti il problema.»

«No. Piuttosto stringiamo un patto. Se il tuo Dio me le manda via, io libererò il tuo popolo.»

Mosè si bevve la frottola e improvvisa fu la moria: rane nelle case, nei cortili, torri di rane che ben presto divennero fetide, impregnando l'aria del loro afrore maleodorante.

Ma il regnante non mantenne la sua parola e vennero impartiti dall'alto altri ordini. Aronne batté col suo bastone il suolo e si alzò un polverone. Subito ogni granello divenne zanzara e gli sciami si diffusero come minacciose nubi grigie per tutto l'Egitto. Assalivano le persone, riempiendole di macchie, succhiando il dolce sangue, infettandolo. Quella volta ci si misero anche i maghi e i sacerdoti per cercare di convincere il faraone, ma nessuna preghiera poté smuoverlo.

Poi fu la volta di grossi mosconi, che col loro ronzare aggressivo molestavano, odiose macchie nere che si posavano ovunque. Tutti si consumavano per cacciarli, si grattavano procurandosi ferite, venivano privati del sonno.

Anche quella volta il sovrano promise a vuoto che li avrebbe fatti partire: quante parole vane sulla bocca degli stolti. Allora Dio diffuse la peste tra gli armenti, perirono tutti gli animali tranne quelli di proprietà degli ebrei: vennero colpiti cavalli, asini, cammelli, bestiame grosso e bestiame minuto. Ancora il faraone restò inflessibile. Allora Mosè, seguendo le indicazioni di Dio, prese un pugno di fuliggine da una fornace e la sparse all'aria, sotto gli occhi del faraone: essa divenne una polvere minutissima che si sparpagliò per le lande egizie. Inspirata da uomini, donne e bestie produsse ascessi putrescenti. Nemmeno i maghi, quella volta, poterono ostentare il loro potere, perché i loro corpi erano flagellati dalle pustole.

«Cosa aspetta ancora il faraone a lasciarci andare, Mosè?»

«Il suo cuore è duro come la selce e nero come la pece» rispose lui.

«E perché tu non sei preoccupato?»

«Perché Dio mi aveva predetto questo. Ma Lui piegherà il cuore del faraone. Potrebbe sterminarli tutti con una pestilenza mortale, invece vuole che sopravvivano per manifestare la sua forza.»

«Sei tornato anche ieri davanti alla reggia, cosa hai detto al re?»

«Che se non ci lascerà partire, oggi arriverà un altro segnale dall'alto.»

«Cosa accadrà?»

Mosè alzò il bastone indicando le nuvole spesse sopra di noi, di un grigio opprimente, e cadde il primo chicco di grandine, cui ne seguirono presto altri, fitti fitti, violenti come frustate, e noi corremmo a ripararci. Scostammo il telo dell'ingresso per sbirciare la tempesta che imperversava fuori: l'aria plumbea era squassata dai lampi e i boati dei tuoni ci assordavano. Mai era scesa una grandine così nociva: schiantò ogni albero, spezzò il lino fiorito e l'orzo già sbocciato in spiga, ferì le persone sprovviste di riparo, uccise i più deboli, atterrò le piante, rese la terra una melma putrescente.

Il faraone convocò Mosè affinché implorasse Dio di far cessare quel cataclisma, in cambio lui avrebbe lasciato liberi gli ebrei. Ma spesso avviene questo: chi detiene il potere, mentre proferisce le sue promesse, già pensa al modo in cui trasformarle in menzogne. Il faraone quindi non fu di parola e a nulla valse che i suoi servi, già terrorizzati, cercassero di convincerlo a mantenere la parola data.

Così Dio mandò un vento d'Oriente e, con esso, sciami di cavallette. Te le trovavi addosso che mordicchiavano la pelle e se ne schiacciavi una ne rispuntavano altre dieci. Non erano innocue come le altre che mi era capitato di vedere: quelle erano nate per la distruzione. Si appropriarono delle nostre paure, fecero razzia della flora risparmiata dalla grandine, devastarono i raccolti, coprirono case e deserti con il loro volo rumoroso. Sparì la poca erba e con essa il verde degli arbusti.

Il figlio di Sephora e Mosè, ormai grande, aveva la morte nel cuore e io, quando non ero impegnata a seguire i miei fratelli, gli dicevo di non preoccuparsi. Le cavallette non ci avrebbero fatto niente e comunque Dio avrebbe cacciato quella calamità. Non mi sbagliavo. Soffiò un vento impetuoso che d'un colpo sollevò gli insetti malefici e li gettò nel Mare dei Giunchi. Ma il cuore del faraone si mantenne ostinato, ed egli persistette nella sua tenacia.

Fu quindi la volta della nona piaga, l'oscurità.

«Cosa accadrà, ora?» chiesi a Mosè, mentre Aronne intrecciava una treccia con fusti di papiri. Era da settimane che non splendeva più il sole, nubi così caparbie non s'erano mai viste.

«Ora porterò le tenebre, mi basterà stendere la mano così...»

Sollevò la mano verso il cielo e si vide scendere una sagoma nera dall'alto, nonostante fosse pieno giorno. Tutti alzarono gli occhi, impotenti mentre calavano fitte oscurità sull'Egitto, come se all'improvviso si fosse insediata una densa caligine tra ogni uomo e ogni donna. Per tre giorni nessuno riusciva a camminare tanto l'aria era nera, nessuno vedeva i suoi simili e gli occhi, se dischiusi, bruciavano come se ci fossero finiti dentro lapilli ardenti. Il faraone non ne poteva più, ci fece convocare e proferì stizzito queste parole: «Via di qui! Il vostro Dio ha già arrecato troppi danni».

«Stavolta non cambierai idea?» lo provocò Mosè.

«No, andatevene subito! State portando solo guai!» e intanto, fuori, le tenebre si andavano dissipando.

«Sei ingiusto. Il nostro popolo ha innalzato tanti edifici, si è consumato di lavoro.»

«Il tuo popolo è scansafatiche. Non è una grave perdita per noi se sparite dalla circolazione.»

«Quindi domani ce ne andremo» fuori era tornato un cielo appena tinto di grigio chiaro. Gli uccellini avevano ripreso a volare e cantavano timidamente.

«Andatevene, la vera piaga siete voi. Ma a una condizione.»

«Quale?»

«Lascerete qui il vostro bestiame grasso e quello minuto.»

Il volto di Mosè si stravolse come non avevo visto mai. Le sue rughe si contrassero in una smorfia piena di livore. Avevamo perso ogni briciola della nostra pazienza. Mio fratello mi gettò uno sguardo cercando la mia approvazione, e la trovò. E gridò: «Sei insaziabile, vero? Dopo averci sfruttati per secoli, ora volete anche prendervi quel po' di ricchezza che conserviamo! No, scordatelo! Non è possibile lasciarti gli animali, noi dobbiamo sacrificare a Dio».

«Allora niente. Vattene e non farti mai più vedere!»

Mosè uscì dal palazzo fuori di sé, io e Aronne dietro di lui. Com'era possibile che il faraone fosse così stupidamente pervicace?

Intanto mio fratello aveva acquisito grandissimo prestigio, gli ebrei lo acclamavano e credevano in lui. Anch'io avevo sempre creduto in lui, come quando mi disse l'inammissibile: «Dio passerà di qui a mezzanotte e si alzeranno disperate grida d'aiuto. Finalmente capiranno la Sua potenza. Allora nemmeno un cane muoverà la lingua contro di noi».

«Quindi ce ne andremo?»

«Prima l'Eterno vuole che in ogni casa venga sacrificato un capretto e una giovane pecora. Maschio e senza difetti, di un anno. E questo mese sia l'inizio dei mesi dell'anno. Terrete in custodia l'animale da immolare per i primi quattordici giorni, poi, al tramonto del sole, tutta la comunità lo ucciderà. In ogni casa in cui verrà mangiato bisogna macchiare di sangue gli stipiti e i portoni delle case, perché sia riconoscibile che quello spazio è intoccabile. Il pasto sarà consumato la notte stessa, assieme a pane azzimo ed erbe amare. E la carne non deve essere cruda, ma arrostita ben bene, con tanto di testa, gambe e viscere. E, se avanza qualcosa, dovremo bruciarla nel fuoco.»

«È un sacrificio speciale, fratello mio.»

«Come mai se ne sono fatti. Dovremo mangiare coi lombi cinti, i calzari ai piedi e tenere il vincastro in mano. Faremo tutto con trepidante premura: le carni saranno per ciascuna famiglia una vittima pasquale in onore di Dio. Ma il suo sangue non sarà solo un sacrificio: servirà come segno distintivo per contrassegnare le case che non andranno colpite.»

«Perché?»

«Dio ucciderà tutti i primogeniti egizi: quello del faraone, così come quello della schiava e il primo cucciolo degli animali. Soltanto noi del popolo d'Israele la scamperemo e saremo riconoscibili proprio grazie a quel sangue sulle porte e sugli stipiti.»

Era il mese di Abib e tutti noi vivevamo come sospesi tra la prigionia e la salvezza. Queste indicazioni ripeterono i miei fratelli al popolo, ingiungendo di mangiare pane azzimo per sette giorni e di far sparire il lievito dalle loro mense. La formula passò di bocca in bocca. Chiunque avesse mangiato pane lievitato sarebbe stato escluso da Israele. Così dal quattordici al ventuno. Si sarebbero tenute due adunanze sacre: una il primo giorno e una il settimo e vennero di nuovo convocati gli anziani. In questo modo parlò Mosè: «Io vi prometto la terra di Canaan. Ma voi procuratevi un capo di bestiame minuto per famiglia e immolate la Pasqua. Prenderete un fascetto di issopo e lo intingerete nel sangue degli animali, poi lo applicherete sul frontone e sugli stipiti. Ripeterete questo rito negli anni a venire, così quando qualcuno vi domanderà spiegazioni, voi direte che è un sacrificio pasquale in onore di Dio, poiché

Lui, quando si scatenò l'ultima piaga, graziò le case dei figli di Israele e si scagliò solo contro i primogeniti egizi. E prima di andarvene, pretendete dagli egiziani suppellettili preziose come risarcimento».

Così fu e Dio discese terribile. A mezzanotte persero la vita tutti i primi nati: dal primogenito del faraone, che si credeva al sicuro nel suo palazzo magnificente, fino a quello del carcerato, a quello dello scriba e a quello dell'ultimo servitore. Ogni casa d'Egitto strillava sgomenta per i giovanissimi corpi trovati esanimi. La disperazione si era impossessata tanto delle famiglie più superbe quanto di quelle meno colpevoli.

Il faraone conobbe il dolore. Il re viziato fin da bambino, certo che nelle sue vene scorresse sangue divino, abituato a essere riverito e compiaciuto fino alla nausea, convinto di detenere la ragione di ogni contesa, vissuto in un guscio reso confortevole da soffici tessuti, mai rabbuiato da una scortesia o da un serio problema, ecco: quest'uomo venne straziato dal lutto della perdita.

Questo ci voleva per farlo maturare. Per farlo scendere di un gradino dal suo piedistallo.

Finalmente accordò a Mosè e Aronne il permesso di condurre via il nostro popolo. Dopo tanto soffrire, però, mio fratello non se ne voleva andare a mani vuote. Occorreva una riparazione. Fece portare via gli impasti non lievitati, i piatti di legno avvolti nei mantelli, poi chiese agli egizi masserizie d'oro e d'argento e vesti pregiate ed essi elargirono doni in abbondanza. Dopo quattrocentotrent'anni di sottomissione, il mio popolo ricevette un minimo di rimborso per quello che aveva subìto.

Ci mettemmo in marcia in una mattina in cui il vento soffiava come un segnale benaugurale: seicentomila tra uomini e donne, più gli infanti e i giovani, si misero in marcia sul terreno ispido, color della sabbia. Gli uomini vestivano in tenuta da viaggio e presero la via del deserto, verso lo Yam-Suf, il Mare dei Giunchi. Ci cibammo di schiacciate azzime e trascorremmo in veglia la prima notte per onorare Dio del dono più prezioso che ci stava elargendo: la libertà.

Il Signore aveva un rapporto privilegiato con i miei fratelli, spesso si manifestava loro e impartiva disposizioni. Ad esempio, rafforzò la disposizione che nelle case d'Israele tutti i maschi dovessero essere circoncisi, inclusi quelli acquisiti. Loro mi riportavano la Sua volontà senza alcuna sorta di dubbio, quelle rivelazioni era una verità conclamata. Io la accoglievo come tale e sapere che i nostri destini risiedevano nelle Sue portentose mani mi rendeva il viaggio meno impervio. Mosè stringeva una cassetta con le ossa di Giuseppe, quasi a voler chiudere il cerchio. Con lui non c'erano la moglie né i figli: quelle spoglie, testimonianza del nostro legame indissolubile coi patriarchi, era almeno qualcosa.

Camminammo senza sosta, certi che Dio ci guidasse, non visto ma in testa alla schiera: durante il giorno, si ergeva a colonna scura per indicare la via, di notte diveniva segnale di fuoco.

Intanto il faraone perse del tutto la testa e di nuovo ritrattò. Radunò l'esercito, con i carristi d'Egitto e innumerevoli scudieri e cavalli scelti. Quando arrivò la notizia, eravamo al riparo della nostra tenda, in mano un calice ristoratore di acqua. Io avevo le idee chiare e ciò che proferivo veniva ascoltato con rispetto: «Non possiamo affrontarli. Non abbiamo abbastanza forza».

«Il popolo di Israele dice che preferirebbe morire da schiavo anziché perire nel deserto.»

«Vuoi dare così conto al popolo d'Israele, che prima ti porta alle stelle e poi ti butta giù negli abissi? Non c'è solo il deserto.»

«Cos'hai in mente, Miriam?»

Lo guardai coi miei occhi stanchi ma indomabili. «Loro avanzano con la strategia militare, noi con l'idea della liberazione. Loro sono una dura compagine, equipaggiati a cavallo, ben nutriti, veloci. Noi siamo stanchi e disorganizzati. Però ci sappiamo adattare. Stiamo uniti e cerchiamo terreni impervi, che possano bloccare la loro avanzata! Dirigiamoci a Succot e da lì a Etam e verso la terra di Canaan, sfruttando terreni accidentati, dove la cavalleria egizia si troverà impacciata e sarà costretta a disgregarsi.»

«Attraverseremo il mare se avremo la fortuna di imbatterci nelle basse maree. E neanche questo sarà sufficiente.»

«Chiedi a Dio che ci sia propizio. Una volta valicato il mare, dovremmo essere molto fortunati. Solo l'alta marea potrà fermare gli inseguitori.»

«Non abbiamo bisogno della fortuna, Miriam cara, quando abbiamo Lui dalla nostra parte.»

Ci precipitammo con una forza torrenziale nel luogo prestabilito e la fermezza ci diede la forza. Sentivamo sul collo il fiato dell'esercito egizio, come se lo scalpitare di zoccoli dei loro cavalli fosse già alle calcagna.

Il mare fu la nostra salvezza e quando lo avvistai quasi mi sembrò di udire una musica. Ci avvicinammo in fretta, avidi di toccarlo, ma lui sembrava ritrarsi. Ci si spalancò davanti con le sue acque cristalline, promettendo in lontananza un blu turchese meraviglioso. Sembrava che la profondità non si svelasse mai e la frescura delle acque era un sollievo dall'aria soffocante.

Mosè batté le acque del mare col suo bastone e un forte vento d'Oriente abbassò notevolmente la marea, rendendo la parte più vicina a riva una distesa asciutta. Atterriti ma pieni di euforia cominciammo ad attraversare, chi stava in fondo avrebbe poi detto di aver visto le acque alzarsi quasi come un muro. Ci bagnammo fino ai polpacci, era normale? L'acqua ci avrebbe riservato delle insidie?

Intanto guardavo alle mie spalle e sorridevo. Gli egiziani ci inseguivano stentando, i cavalli incespicavano sul terreno fangoso, alcuni cadevano provocando rallentamenti. Il giorno procedeva il suo corso e la marea si alzava, ma noi eravamo già sull'altra sponda.

Come avvenne che i carri dei nemici venissero travolti con le miriadi di soldati dalla furia delle acque? Il mare si alzò all'improvviso, lo vidi coi miei stessi occhi appena mettemmo piede sul nuovo suolo. Eravamo commossi, turbati e senza più forze. Vedemmo chiudersi il pugno della natura, subito un turbinio di voci e corpi venne trascinato negli abissi e sprofondò come fanno le pietre. Poco dopo, riemersero dapprima armi, quasi come una ricompensa. Poi, verso riva, affiorarono i loro cadaveri, trascinati dalle acque.

L'istinto prese il comando sul mio corpo, presi in mano un timpano e altre donne mi emularono: danzammo socchiudendo gli occhi al suono della musica, poi io intonai un canto a Dio per ringraziarlo della protezione accordataci.

«Cantate al Signore,
perché ha mirabilmente trionfato,
gettando in mare
cavalli e cavalieri!»

Non sapevamo di essere soltanto all'inizio dell'impresa.

Il deserto del Shur non era accogliente, ma bisognava procedere. Pungolato da gelide raffiche notturne, ostile di giorno, ostaggio delle tempeste di sabbia. Io e i miei fratelli tentavamo di prendere decisioni sicure: la gente confidava in noi. L'acqua era il nostro assillo. Benedetta acqua, che ti nascondi nelle viscere della terra o cadi giù dal cielo quando piace a Dio!

Assetati più che mai, trovammo dei pozzi soltanto a Mara, e che volti disgustati quando ci accorgemmo che l'acqua aveva il sapore del fiele! Mosè chiese aiuto al Signore, che gli indicò un legno. Buttandolo nella pozza, Mosè rese l'acqua dolce al palato. Forse fu Dio che ci spianò la strada per Elim, dove ci ristorammo presso dodici fonti di acqua, e godemmo dell'ombra di settanta palme. Quando procedemmo nel deserto di Sin, verso il Sinai, arrivarono altri guai. Perché la gente si dimenticava di ogni conquista ottenuta, ormai considerava scontata l'agognata libertà. Non era mai contenta, chiedeva nuovi orizzonti.

Il popolo stolto e incolto, già piegato alla fatica, non sapeva sopportare gli stenti. Non capiva che fame e sete facevano parte dell'impresa. Si rivoltarono contro di noi, dissero che sarebbe stato mille volte meglio morire in Egitto in schiavitù, ma rifocillati da carne e pane a sazietà.

Allora Dio mostrò quanto fosse provvido. Al tramonto, un branco di quaglie si posò sul nostro accampamento e persino i bambini giocavano a catturarle. Attorno alle tende albergava uno strato di rugiada che, quando svaporò, lasciò sulla superficie del deserto qualcosa di granuloso, fine come brina gelata.

Mosè si raccomandò di rispettare le giuste porzioni, tenendo conto anche dello Shabbat, e di non mettere da parte alcuna provvista. Solo l'indomani ci accorgemmo che qualcuno aveva infranto la sua disposizione, perché girava voce che i trasgressori si fossero ritrovati al mattino con i tozzi imputriditi, pieni di vermi. La voracità e l'egoismo erano stati puniti.

Questo fu il cibo dei figli di Israele, finché non giungemmo ai confini della terra di Canaan. A Refidim di nuovo si ripresentò il problema dell'acqua e tutti si rivoltarono contro mio fratello, come se fosse sua la colpa dell'aridità del territorio. Un tal Giosuè lo sostenne e divenne un aiutante prezioso. Mosè cercava invano di farli riflettere.

L'Eterno gli spiegò come ottenere l'acqua battendo un bastone sulla roccia: e acqua fu.

Ma le incombenze erano troppe, noi dovevamo pensare alla rotta e tenere a bada le folle. Per fortuna il suocero di Mosè ci raggiunse assieme alla sua moglie etiope e ai figli: ritrovarsi fu uno stupore e una gioia. Quant'erano cresciute le sue creature! La mano di Dio si era posata sulla loro testa, segnandole con l'incedere indefesso dei giorni, dei mesi e degli anni.

Non c'era tempo per le cerimonie. Il suocero, vedendolo così stravolto e divorato da problemi di ogni tipo, gli consigliò di farsi aiutare da uomini capaci e leali nell'eseguire le mansioni di giudice. La gestione fu così suddivisa: c'era chi stava a capo di mille persone, chi di cento, chi di cinquanta e chi di dieci. Compiuto quel gesto, il suocero si congedò e, così come arrivato, scomparve.

I figli di Israele angustiavano mio fratello quotidianamente. Non serviva nemmeno che Giosuè e i fidati come lui lo difendessero. Prima le persone lo osannavano, poi gli voltavano le spalle. Scalpitavano, erano pronti a piegarsi a qualsiasi idolo. Quando Dio si manifestava a Mosè, lui lo riferiva agli anziani ed essi cominciavano a provare una fede più tenace verso quell'entità che da qualche secolo si era rivelata, ma che non si era ancora affrancata dalla concorrenza con tutti gli altri dèi.

"Dove sei, Dio? Perché non parli anche a me?" ogni tanto gli chiedevo, nella solitudine delle notti stellate.

Dopo tre mesi approdammo al monte Sinai e a me parve di averlo sognato almeno una volta. Un luogo magico per Mosè, perché proprio lì – quando tutto era cominciato – egli aveva udito per la prima volta la voce di Dio uscire da un roveto che bruciava senza consumarsi. Io, lui e Aronne scrutavamo le cime, quelle guglie aguzze di rocce color della rena arsa, che sembravano denti giganteschi di mostri primordiali. Attorno, altri gioghi montani si susseguivano in uno sfondo che celebrava la gloria della natura.

Chi eravamo noi, al confronto? Con quale ardimento potevamo pretendere di scalare un luogo così possente?

Ci accampammo ai suoi piedi col cuore palpitante di turbamento. Mosè prescrisse alle genti di purificarsi per tre giorni, di lavarsi le vesti e di non toccare le falde, perché Dio sarebbe disceso sul monte Sinai.

Io e i miei fratelli, come sempre, dormivamo assieme. Prima di chiudere gli occhi, però, Mosè mi sussurrò nell'orecchio: «L'Immenso mi ha parlato anche oggi», aveva una voce strana, quasi dispiaciuta.

«Cos'ha detto?» chiesi piena di speranza. Confidavo che le cose si sarebbero sistemate. Che quella storia vedesse una giusta conclusione.

«Che devo salire verso di Lui.»

«Avrà qualcosa di importante da dirti» conclusi emozionata.

«Sì. Qualcosa che suggellerà ancora di più il nostro legame.»

«Andremo domattina?»

Mosè esitò un istante e percepii la sua voce farsi più dolce: «Miriam, Dio ha chiesto soltanto a me di salire. Insieme a Giosuè».

Giosuè, uno degli ultimi assoldati tra i suoi devoti. Fedelissimo, certo. Ma mai quanto me.

«Perché mai?» domandai con una piega sgomenta nella voce.

«Non lo so. La volontà del Signore è imperscrutabile.»

Un moto di collera mi fece avvampare il volto. Poi deglutii: «Io verrò lo stesso».

«Non puoi infrangere la Sua volontà, Miriam.»

«Non ha detto che non posso venire. Soltanto non mi ha nominata.»

«E non è la stessa cosa?»

«No. Non mi ha nominata perché non mi considera. Anni e anni al tuo fianco, a decidere con te, a sostenerti per la medesima missione. E mai che io sia stata chiamata in causa.»

«Lo sai che le donne...»

«Lo so. Appunto per questo: non Gli cambierà nulla se io ci sono o meno.»

Non mi sbagliavo. Al Signore non arrecò alcun fastidio la mia presenza. L'indomani una densa nube e un suono imponente di tromba si manifestarono. Il monte sembrava una fornace. Seguii mio fratello sul dirupo scosceso color delle tortore, mentre le donne, gli uomini e i bambini ci attendevano ai piedi del monte, col cuore sospeso. Tuonarono le nuvole e subito vennero spaccate dai lampi. Il popolo d'Israele cominciò a pregare.

Continuammo a camminare e balzammo di ciglio in ciglio senza sentire lo sforzo. Ciò che ci attendeva era qualcosa di supremo, un appuntamento diretto con Dio. La Sua voce non aveva ancora preso forma, ma alitava in tormente furiose. Forse per questo, poco prima di arrivare alla sommità, ci fermammo su una specie di altura piana: per respirare a pieni polmoni. Allora ci rendemmo conto che lì finiva la terra e cominciava il cielo. E noi eravamo della stessa sostanza della polvere e del mare e mi parve così naturale immaginare che un giorno a essi saremmo tornati. Pensai alle stelle che rendevano sublime la notte, così splendenti e inavvicinabili, e mi sentii infinitamente piccola, minuscolo granello di sabbia all'interno di un disegno titanico.

Tutti appartenevamo al fango, al sedimento di nubi

porose che si depositavano negli spazi vuoti tra gli spicchi acuminati. Ai fili d'erba, residui di salsedine che regalano le distese. L'incanto dell'esistenza ci si dispiegò senza che ci sforzassimo di carpirlo. La bellezza di quel creato spoglio, ruvido, ventoso ci incantò. Verso l'ultima salita, ripidissima, le ventate si placarono e calò una quiete irreale.

Io e Giosuè delle volte ci davamo una mano per riprendere il passo di Mosè, che procedeva animato da una forza quasi sovrannaturale. Restavamo sempre qualche passo indietro a mio fratello, perché era lui quello che deteneva un rapporto favorito con Dio.

Ma dov'era questo Dio? Perché attendeva a mostrarsi?

Voleva che salissimo ancora più in alto. E lì avvenne il sodalizio. Il fumo si arrampicava nell'aria come se uscisse da una fornace e il tempo si era rarefatto, quando Lui si manifestò con la sua voce che non lascia scampo: «Io sono Dio e vi ho liberati dalla schiavitù d'Egitto...»

Mosè si inchinò, volto a terra. Io e Giosuè ripetemmo il gesto. Si alzò un refolo di vento e nel cielo vennero scolpite parole invisibili.

«Non avrai altro dio all'infuori di me. Né feticcio, né idolo, né statua.

«Non ti servirai del mio nome per proferire menzogna. Non osare mai pronunciarlo invano.

«Ricordati di santificare lo Shabbat. Persino io mi sono riposato il settimo giorno, dopo la creazione.

«Onora il padre e la madre.

«Non uccidere.

«Non commettere adulterio.

«Non rubare.

«Non proferire falsa testimonianza.

«Non desiderare la casa d'altri, né la sua donna né i suoi schiavi o le sue greggi. Attento alle insidie dell'invidia.»

Il popolo non sapeva che stavamo siglando la sacra alleanza, eppure tremava al cospetto dei tuoni, delle trombe e del monte ancora fumante per la rivelazione.

Dio ci consegnò altri precetti indispensabili per vivere eludendo rivalità, bisticci ed equivoci. Chiese un santuario e un'arca d'acacia di due cubiti e mezzo di lunghezza, un cubito e mezzo di larghezza e altrettanto di altezza. Impose che fosse rivestita d'oro e dotata di anelli e stanghe per essere trasportata, con dentro le due Tavole della Legge. L'avrebbero sorvegliata due cherubini d'oro. Ma l'avrebbero potuta toccare soltanto i leviti, i discendenti di Levi, figlio di Giacobbe e di Lia: chiunque altro avesse osato, sarebbe morto sul colpo. Quello fu il suggello tra il divino e il popolo eletto.

Siccome lui tardava a scendere dal monte essi chiesero ad Aronne di mostrare loro quel Dio, dando una forma visibile a un Dio invisibile. Egli, per tenerli a bada, finse di accontentarli e lasciò che plasmassero prima un vitello d'oro, poi un altare. Il popolo dei leviti si diede alla sfrenatezza e, poiché si faceva anche lusingare dalla tentazione degli idoli, oltre che dal delirio, Dio si adirò. Eppure Mosè spendeva sempre una parola buona per difenderli. Aronne era troppo debole, non osava contrastarli.

«Come hai potuto lasciare che tutto ciò accadesse, Aronne?» gli chiese conto Mosè, quando tornò tra loro.

«Io...»

«Tutta la fatica che abbiamo fatto per liberarli e per diventare uniti... ora tu permetti che ci dividiamo?»

«Non è colpa mia...»

«Si dica a tutti i leviti la mia volontà: ciascuno di voi si cinga di spada il fianco e stermini parenti, amici, figli. È l'unico modo per sconfiggere l'idolatria» così aveva parlato Dio.

Quel giorno, per consacrarsi al Signore, vennero uccisi circa tremila uomini. Vennero coinvolti gli artigiani affinché costruissero una Dimora, una tenda speciale dove conservare l'arca dell'alleanza. Furono realizzati il tabernacolo, la lastra dell'arca che eravamo soliti irrorare con il sangue delle vittime, il candelabro, l'altare dei profumi, quello dell'olocausto, la conca di rame per la purificazione del sacerdote. L'oro impiegato per l'esecuzione dei lavori fu di ventinove talenti e settecentotrenta sicli.

Due anni ci consumammo alle pendici del Sinai, due anni necessari. Poi riprendemmo la marcia verso la terra di Canaan, ma il deserto inasprì gli animi e di nuovo gli israeliti insorsero contro mio fratello. Rinfacciarono ogni cosa a lui e ad Aronne, rimpiangendo persino la schiavitù egizia.

Fu forse la mano di Dio, spazientito, che fece scoppiare un terribile incendio? Molti vi perirono dentro, altri, più avanti, decimati da un male misterioso. Bisognava zittire tante malelingue. Di nuovo Mosè diede loro altre possibilità e questo mi fece andare in bestia. La vecchiaia mi concedeva il lusso di mostrarmi insofferente. E lo trattavo sempre per quello che ero, la sorella maggiore.

«Perché non ti imponi?»

«Sono stanco della violenza.»

«Non capisci che la tua disponibilità ti ostacola? Non ti ascoltano, non ti temono, appena ti volti ti tradiscono!»

«Ci penserà Dio a punire chi non mi segue.»

«Ah sì? E come?»

«I ribelli non potranno entrare nella Terra Promessa prima che siano passati quarant'anni.»

«Quindi metti tutto nelle mani di Dio? Tu non conti più?»

«La prossima volta sarò più duro.»

«Dici sempre così. Ci devi consultare prima di prendere decisioni!»

«Perché? Dove sta scritto che devo farlo sempre?»

Si fece avanti anche Aronne, che a nostra insaputa aveva seguito la conversazione dietro alla tenda.

«Perché hai commesso molti passi falsi, Mosè. Noi ti siamo stati sempre accanto, ma tu vuoi fare di testa tua. Anche quando ti sei sposato con una donna etiope non ci hai consultato.»

«Hai così poche angosce che ti assillano da impensierirti ancora per una donna che non ti ha mai arrecato danno?»

Non so come avvenne che i toni si fecero più accesi senza che ce ne rendessimo conto. Fu come se quel giorno, in quella tenda, ci stessimo lanciando tutte le staffilate risparmiate ai nostri nemici. Il veleno che gli buttai addosso con le parole – veleno accumulato negli anni per essergli stata accanto invisibile – forse non era diretto a lui, ma a Dio. Che se ne accorse e subito mi punì.

Un fortissimo mal di capo preannunciò la febbre. Poche ore dopo ero tempestata da piaghe e lesioni sulla pelle. Osservavo sbigottita le dita di mani e piedi che si stavano gonfiando, mentre un formicolio mi impediva i movimenti. Era dunque la lebbra la punizione divina? Il popolo d'Israele commentava diviso il fatto: chi mi guardava impietosito, seppur standomi alla larga. Ad alcuni piaceva vedermi mortificata. La donna che non si era mai sposata, che procedeva a testa alta insieme al capo. Il legame tra me e Mosè era puro come il latte, lui era la persona a cui più tenevo al mondo. Un uomo pulito, premuroso, leale. E nemmeno adesso riuscivo a essere adirata con lui.

Piuttosto mi consumavo in altre domande e le lanciai a Dio delirando, divorata dal bruciore della febbre.

«Perché Ti accanisci soltanto contro di me? Non voglio che Tu punisca Aronne, voglio solo sapere il perché!»

Lui non rispondeva, ma aleggiava nella tenda dove ero isolata, sotto forma di colonna di nuvola.

«Io lo so perché! Sono una profetessa, ricordi? Ecco il motivo: una donna che dissente è più empia di un uomo che fa lo stesso, vero?»

La scia viola guizzava da una parte all'altra della tenda. Lo stavo irritando? Non mi interessava, i bollori del male non scambiavano per sfacciataggine il mio senso della giustizia.

«Perché non mi parli mai, Dio? Perché hai chiamato Giosuè sul Sinai e non mi hai nominata? Perché hai creato la donna, se poi fai finta che non esista?»

Pensai che sarei morta fulminata, invece svenni con una smorfia esasperata in volto.

Mio fratello era incomparabile e mostrò anche in quel frangente la sua bontà. L'unico uomo sulla faccia della Terra incapace di provare rancore e di ricordare i torti subiti. Ecco perché sarebbe stato sempre contestato. Corse da Dio, implorandolo di guarirmi, ma Egli voleva che io tenessi bene a mente quanto potesse essere devastante e così gli rispose: «Se suo padre le avesse sputato in faccia, non resterebbe così svergognata per sette giorni?».

«Ti prego, lasciala stare. È l'unica che non mi ha mai tradito.»

«Sicuro?»

L'amore di mio fratello non ha tentennato mai. E nemmeno il mio. Così gli rispose: «Solo una volta, con Aronne, mi ha criticato, ma quella è un'altra questione».

«Va bene, visto che ci tieni tanto. Ma almeno se ne stia isolata sette giorni dall'accampamento.»

Contorta su me stessa da dolori lancinanti e ferite purulente che facevano infezione, attesi lo scorrere di quei sette giorni come se fossero anni. Con quanta malevola soddisfazione i miei detrattori mi scrutavano da lontano, ora che i miei tratti si stavano deformando! Ben ti sta, si trattenevano in bocca, assieme a qualche malaugurio.

Quando io guarii, l'ira di Dio si scagliò contro il popolo d'Israele che si ostinava a mettere in discussione l'autorità di Mosè. Lui volle partire non appena mi furono tornate le forze. Quando fummo nel deserto di Paran, la terra di Canaan sembrò vicinissima, così vicina che pareva bastasse allungare una mano per coglierne le olive succose. Invece era vera la storia dei quarant'anni: Dio procrastinò l'ingresso del popolo di Israele per punirlo della cattiva condotta. E quello che continuava a diffidare, a scoraggiare la sua guida, ad accusare. Anno dopo anno, una continua lotta intestina. Assurda, visto che il nemico avrebbe dovuto essere fuori di noi, non dentro.

Arriva un momento, nell'esistenza, in cui la stanchezza prende il sopravvento sulla volontà e sulle forze vitali. Non ne potevo più. Mi sembrava tutto così ripetitivo. Avevo vissuto all'incirca un secolo e mi ero convinta che tanto bastasse. Sapevo che prima o poi saremmo giunti nella Terra Promessa, ma ormai non occorreva più la mia presenza. Un giorno Mosè avrebbe affidato il comando a Giosuè.

Ero stata felice senza figli e senza un marito.

Avevo sofferto per i dissidi alimentati dal popolo a cui mi ero votata e che avevo guidato, membro di quel trio così unito.

Avevo parlato con Dio e gli avevo gettato addosso la mia delusione. Forse Lui aveva riflettuto sulle mie rimostranze? Non importava più ormai, a Kadesh mi accinsi a prendere commiato da questo mondo, in un giorno che preannunciava pioggia. L'acqua, finalmente. Uno dei miraggi cui avevo teso la mano e che non si era mai pienamente realizzato. Assieme alla chimera di un popolo coeso. E alla libertà.

Fuori dalla tenda, in un baldacchino allestito per me dai falegnami provetti, alcune donne cantavano antiche litanie.

Chiusi gli occhi senza le risposte di Dio, ma serena come non ero mai stata. Così come avevo sempre desiderato morire. Attorniata dai miei benedetti, amatissimi fratelli: una mano stretta a quella di Aronne, una a quella di Mosè, proprio come quando eravamo bambini.

Libro di Samuele

Micol

XI-X secolo a.C.

Nessuna situazione preserva una ragazza. L'onta del serpente ci accompagna, come se ci meritassimo un destino sfavorevole. Se una di noi non si sposa, la sua esistenza non ha senso per la comunità. Se si sposa, può essere sfortunata e trovare un marito stolto. Se non resta incinta, viene disprezzata. Se questo avviene, teme il giorno del parto, poiché ha visto tante donne morire mettendo alla luce un figlio. Se il marito la maltratta, deve tacere e prenderle in silenzio. Se la rispetta, lei soffre all'idea che potrebbe perderlo in guerra, in un agguato, per una malattia. Se si ammoglia con un sovrano, deve accettare che lui giaccia anche con altre.

E nemmeno quando sei accasata hai la certezza di una protezione, ne ho la conferma da una storia truce. Da noi si narra di un levita di Efraim che, tornando a casa sua da Betlemme con la consorte, dove si era recato per far visita al suocero, fu sorpreso dalla notte. Pensò quindi di cercare riparo a Gabaa e bussò alla porta di un uomo di quella città. Poco dopo, però, alcuni facinorosi del luogo batterono alla stessa porta, intimando al concittadino di consegnar loro il forestiero, perché volevano abusarne a piacimento. Appartenevano alla tribù di Beniamino ed erano abituati ad arraffare tutto ciò che pretendevano. La moglie del levita, intanto, rannicchiata in un cantuccio, tremava come uno scoiattolo per la paura. Era poco più che una bambina, non conosceva niente del mondo. Chi erano quelle voci maschili così tracotanti? Perché minacciavano una tale violenza? Colui che li aveva accolti gridò, senza aprire la porta: «Lasciate stare il mio ospite, andatevene!».

«Maledetto! Apri subito questa porta o te la spacchiamo a calci!»

«Non potete fare del male a quest'uomo che ho accolto, è peccato!»

«Non ce ne andremo a mani vuote, ci conosci!»

«Perché non vi prendete sua moglie?»

Lo scambio fu accettato tra lazzi e grosse risate, la fanciulla, pietrificata dallo sgomento e con gli occhi sbarrati, fu consegnata alle turpi mani, che fecero scempio di lei.

Al mattino suo marito la trovò morta davanti alla soglia di casa. Arti in una posa scomposta, capelli luridi di terra e sperma, il volto gonfio per i pugni e chissà cosa, il rosa della pelle disseminato di chiazze blu e striato di sangue.

Il marito la sezionò in dodici parti, ne consegnò ciascuna a una delle dodici tribù di Israele, affinché tutti sapessero cosa le era stato inflitto. La gente si indignò e si mosse contro i carnefici, perché venisse sterminata gran parte della tribù di Beniamino. Ma nessuno poté riportare in vita la sposa straziata e di lei non rimane più nemmeno il nome.

Non esiste condizione che ci preservi.

Quando, invece, una donna sopravvive al marito, l'ordinamento del levirato prevede che la famiglia del marito provveda a lei, in particolare il fratello. Quante vedove si sono sposate col cognato. Comunque sia, dipendono sempre da altri.

A tutte noi, da piccole, raccontavano la storia di Noemi, cinque generazioni fa. Preoccupato per una pesante carestia, suo marito Elimelech aveva deciso di trasferirsi con lei nel Moab, da Betlemme, assieme ai loro due figli, Maclon e Chilion. Che là avevano scelto di chiedere in moglie due fanciulle moabite, Ruth e Orpa. Ma quando la sorte imperversa avversa, nulla può fare la buona volontà umana per contrastarla: prima morì il marito di Noemi, poi i due figli e la donna si trovò quasi completamente sola, in balìa delle malelingue ostili. Così decise di tornare in Giudea. Soltanto Ruth le stette accanto, Orpa restò nel Moab, seppur intristita all'idea di separarsi da quella suocera che l'aveva amata come nessuno mai.

Così Ruth e Noemi si misero in cammino, due donne sperdute nei tragitti desertici, graziate da scorribande di malintenzionati che miracolosamente non apparvero, poiché su di esse vegliava la mano di Dio. Ruth rischiava tanto in quel viaggio. La sua condizione di giovane vedova avrebbe potuto cristallizzarsi, esponendola per sempre all'inclemenza della società, emarginata dallo scorrere della vita.

«Perché tu, che sei moabita, non sei rimasta nel tuo paese? Ti saresti risposata, avresti avuto figli...» le domandava la suocera nelle pause di ristoro, intrecciandole i capelli.

Ruth rispondeva con la sua voce sottile: «Voglio restare con te, perché per me sei più cara di una madre. Tu sei un'amica, una voce sincera, una dolce sorella e una zia amorevole».

Noemi la stringeva tra le braccia e pregava Dio di trovar loro una sistemazione. Di salvare almeno quella giovanissima che le si era caparbiamente attaccata addosso. Da sole, seppur insieme, non avrebbero potuto combinare niente.

Giunsero a Betlemme nel momento magico della raccolta dell'orzo, e Ruth andò a spigolare nel campo di Booz, che del suo defunto marito era *goel*, il parente più stretto. Come andò a finire la storia? Che Ruth si sposò con Booz, sua unica via di salvezza, e accolse nel nuovo nucleo anche l'adorata suocera.

Cosa resterà di tutte queste storie? Si ricomporranno assieme per farci vivere, un giorno, senza paura?

Io sono Micol, altrimenti detta Mikal, una delle tante mogli di David, di cui Noemi fu la trisavola. Al nostro harem vanno aggiunte schiave, concubine e conquiste varie che lui, negli anni e nelle sue scorribande perpetue, volle possedere. Ci hanno insegnato a non essere gelose dei nostri uomini, perché è lecito che i loro impeti li rendano sfuggenti. Loro possono abbracciare chi vogliono, noi ci dobbiamo votare all'esclusività. Se non mi sono piegata a queste imposizioni è perché sono irruente come un torrente in piena e infatti il mio nome significa «ruscello».

Nelle acque del torrente si è bagnato David, splendido come il Sole. Il suo capo era oro puro, i suoi riccioli fulvi cirri di viti. I suoi occhi conquistavano in un istante, i suoi denti si bagnavano nel latte, le sue guance erano aiuole di balsamo dove crescono piante aromatiche. La sua barba un morbido prato, non finiresti mai di baciarla.

Lui era scivoloso come un serpente e sapeva sparire come le nuvole dopo un acquazzone. Impiegava un secondo per far innamorare le donne. Cosa diceva al primo incontro? Tutto ciò che ciascuna di noi voleva sentirsi mormorare. Ma non erano le sue parole a colpire come frecce implacabili. I suoi occhi penetranti, piuttosto. Le sue labbra come gigli che stillavano fluente mirra, le sue mani d'oro suonavano divinamente la cetra, come anelli incastonati di gemme di Tarsis: esse sapevano dove posarsi, non deludevano mai. «David...», invocavano le fanciulle giudaiche e aramee, «David...» ripetevano le ebree e le ittite, «David...» riecheggiava stellata la volta della notte.

Sembrava così giovane, neppure la forza del deserto aveva corrotto la sua pelle ambrata, nessuna avrebbe indovinato con precisione la sua età. Fiore d'uomo appena sbocciato o condottiero maturo che si muove con la destrezza di un sapiente? Poeta, musico o guerriero? O tutte e tre le cose assieme?

Le sue gambe erano colonne di alabastro, posate su basi d'oro puro, scattava a cavallo come un centauro. Il suo aspetto richiamava quello del Libano, magnifico come i cedri. Dolcezza era il suo palato, miele la sua bocca, posso dirlo io che l'ho assaggiata, egli regalava delizie e le notti con lui trascorrevano come se il firmamento precipitasse dolcemente. Ma poi giungeva il momento del discernimento: lui scompariva, lo invocavi, chiedevi notizia, finché ti accorgevi che eri soltanto una tra le tante e a nulla serviva piangere e contorcersi nel giaciglio.

Pensavo che per me sarebbe stato diverso. Io non ero soltanto una delle sue mogli, ero la figlia del re Saul. Non ho mai capito dove, da parte di mio padre, terminasse l'ammirazione verso David e cominciasse l'odio. Lui sapeva che un giorno avrebbe regnato David al suo posto, glielo aveva vaticinato il profeta Samuele. Ma un tempo, prima che il suo animo si inasprisse, essi erano sodali. Quando uno spirito malvagio si era impadronito di Saul, David fu l'unico che poté estirparlo col solo soave suono della cetra. Fino a quel momento tutti lo consideravano un semplice scudiero con qualche ghiribizzo per la testa. Ma fu dopo l'episodio di Golia che la sua fama salì alle stelle.

Il nostro esercito era accampato nella valle del Terebinto, trascinato in guerra da mio padre contro i filistei, popolo che adorava divinità dai nomi terribili come Dagon, Atargatis-Derceto e Beelzebub. Si era sparsa la voce che tra i nemici spiccasse un gigante alto sei cubiti e un palmo, in grado di combattere con una corazza dal peso di cinquemila sicli. Si chiamava Golia e bastava pronunciare il suo nome per far venire ai soldati voglia di darsi alla fuga. Atterrì il nostro esercito per quaranta giorni, finché David si dichiarò disposto a sfidarlo. Mio padre guardò incredulo quello scudiero che già con le donne stava cominciando a primeggiare.

«Come puoi pensare di contrastarlo? Ti distruggerà, è un animale alto come uno ziqqurat.»

«Quand'ero un pastore, ho ucciso orsi e leoni ben più temibili.»

Mentiva sfacciatamente, ma mio padre era disperato.

«Ti darò la mia armatura.»

«Non sono abituato, è troppo pesante.»

«Non mi contraddire, smettila!»

David si mise d'impegno, ma camminava goffamente. Così ignorò l'imposizione del re, si tolse l'ingombro e andò verso il gigante, munito soltanto della sua frombola e di cinque pietre lisce raccolte in un torrente.

Golia si trovò di fronte quello che gli sembrò un ragazzetto insolente, mezzo nudo, fulvo, col volto imberbe, un bastone in mano e pensò che lo avrebbe disintegrato con pugno. Ma prima volle sbeffeggiarlo. Così gli gridò: «Sono io forse un cane, perché tu venga a me con un bastone? Fatti avanti e darò le tue carni agli uccelli del cielo e alle bestie selvatiche».

Non lo avesse mai fatto. David rispose al filisteo: «Tu vieni a me con la spada, con la lancia e con l'asta. Io vengo a te nel nome del Signore degli eserciti, lo stesso Signore che oggi ti farà cadere. Ti abbatterò, staccherò la testa dal tuo corpo e i cadaveri dell'esercito filisteo saranno divorati dagli uccelli e dalle bestie fameliche: ma tutta la Terra saprà che vi è un Dio in Israele».

David lo puntò con un sasso ben teso nella sua frombola e lo centrò in fronte, facendolo prima barcollare e poi stramazzare a terra, mentre i presenti restavano col fiato sospeso.

Era morto? Era svenuto? Non dava segni di reazione...

Lo scudiero che sarebbe divenuto re lo raggiunse, gli strappò la spada dalla mano ormai debole, e con qualche colpo deciso lo decapitò. Lo videro tutti, chi dal campo come i soldati, chi dalla rocca come me, mentre i soldati israeliani furoreggiavano e si accanivano contro i filistei che tentavano la fuga: tutti ammirarono quel ragazzetto ansimante e sudato che stringeva tra le dita i capelli, facendo penzolare un'enorme testa grondante di sangue. Spropositata rispetto alle sue misure. Occhi che conservavano ancora il lampo furibondo e che fino a pochi minuti prima aveva seminato panico nell'esercito nemico, bocca bestemmiatrice ora socchiusa: era così terribilmente impotente, in quel momento, Golia. E la vittoria fu nostra.

Mio fratello Gionata da quel giorno fece di tutto per divenire suo amico. Non fu un'impresa ardua, David aveva il cuore spazioso: dove poteva ammucchiare decine e decine di donne, vi era posto anche per un sodale in più, soprattutto se costui era il figlio del re. Mio fratello lo fece convocare e io assistevo dietro a una delle tende damascate del palazzo, rapita da quella rivelazione eroica.

«Come hai fatto a vincere Golia? Lui era molto più forte di te.»

«Ci sono tanti tipi di forza. Basta capire quella che ti appartiene e puntare su di essa le tue energie.»

«Dicono che tempo fa sei stato unto da Samuele. Sei un eletto.»

Davide abbassò la testa, in segno di deferenza.

«Siccome sarai un sovrano, cosa ne pensi di sposarti con una principessa?»

«Quale?»

«Mia sorella Micol.»

«Non so se tuo padre Saul sarà contento che uno scudiero si unisca a sua figlia.»

Gionata gli allungò una coppa dove aveva appena versato del succo d'uva e gliela porse: «Non sei più uno scudiero, ricordatelo».

Temendo che oscurasse la propria gloria, mio padre aveva cominciato a detestare David e volle approfittare di quella proposta di nozze per farlo fuori. Nascosta dietro a una colonna, ascoltai la loro conversazione quasi senza respirare.

«Vuoi mia figlia Micol? Ammazza cento filistei e sarà tua.»

«Micol vale molto di più. Ne ucciderò duecento.»

Attesi con trepidazione il giorno delle nozze. Già amavo quel ragazzo sfacciato e irrequieto, che riusciva in ogni sua impresa. Nessuno mi chiese il consenso per quell'unione: era scontato che io fossi d'accordo. E comunque lo ero.

I primi tempi, mi sembrò di vivere nell'Eden. Lui era premuroso, affettuoso e soprattutto presente. Bramavo soltanto di compiacerlo, dargli mille figli. E proteggerlo, soprattutto dalle mani malvagie di mio padre che voleva eliminarlo. Non aveva mai desiderato imparentarsi con lui, io ero stata solo una piccola scusa nella prospettiva che i filistei lo ammazzassero. Invece David li aveva gabbati, così come aveva lasciato mio padre roso dalla bile, dimentico dei successi che gli aveva regalato.

Grande stratega in battaglia, amatissimo dai soldati, le donne, percossi i tamburelli, di lui così cantavano: «Se Saul ne ha uccisi mille, David ne stende diecimila». E mio padre si irrancidiva dentro. Lo temeva, non sopportava che io lo amassi con passione e che mio fratello Gionata gli fosse fedele amico, lo seguisse nelle imprese e nelle gozzoviglie: il re sentiva di aver allevato due serpi in seno. Una volta salvai mio marito facendolo uscire dalla finestra e celando i Terafim nel letto, affinché simulassero la sua sagoma. E che delusione provò mio padre, quando – pensando di averlo infilzato – sollevò la coperta e vi trovò gli idoli!

Noi raccomandavamo a David di tenersi nascosto e così mio marito imparò a fuggire dalle imboscate, a galoppare a perdifiato, a sgusciare via come un'anguilla. E io, in questo pazzo via vai, indugiavo col cuore in gola. Eppure David non riusciva a contraccambiare il rancore di mio padre. Una volta gli accadde di nascondersi in una grotta dove capitò per caso anche Saul. Era senza uomini e, preso così alla sprovvista, chiunque l'avrebbe potuto uccidere senza fatica. David, nascosto dietro una pietra, col pugnale in pungo, ce l'aveva a pochi centimetri. Allungò l'arma solo per tagliargli quatto quatto un lembo del mantello e farglielo poi recapitare: che Saul conoscesse quanto era stato magnanimo.

Per farmi un dispetto, Saul mi strappò da quel matrimonio e mi diede in moglie a Palti, figlio di Lais, eppure David non mi ripudiò mai. Ma si sposò con altre.

Lo attendevo sognante da qualunque pertugio del palazzo che si affacciasse sui giardini, sperando che comparisse all'improvviso alla reggia, veloce come un lampo, splendente nell'ultimo mantello che gli aveva tessuto l'amata di turno e, preda della gelosia, non degnavo il nuovo consorte neppure di uno sguardo. Volevo soltanto quel sogno evanescente e mi si contorceva lo stomaco pensando alle sue nuove mogli. I loro nomi mi rintronavano nelle orecchie senza darmi pace. Quanto erano giovani e slanciate? Come le guardava, mentre si spogliavano sotto la luce scintillante della luna? Le accarezzava alla stessa maniera con cui aveva adorato il mio corpo? Quanto a lungo si baciavano, gemendo di piacere nelle notti senza sonno? Alcune di loro mi tormentavano. Quelle che aveva scelto lui. Le stesse che lo avevano scelto.

Di una in particolare si diceva che fosse tanto accorta quanto fascinosa. Era moglie del rozzo Nabal, sciocco tanto quanto rivela il suo nome, del monte Carmel, un uomo ricchissimo di Maon, che possedeva migliaia e migliaia tra pecore e capre, un tizio così ottuso che non sapeva distinguere un sasso da un osso. David già allora scorrazzava tra una regione e l'altra, benvoluto e aiutato dai possidenti di ogni contrada. Anche i contadini lo favorivano, sapendo che ogni benevolenza sarebbe stata contraccambiata in protezione. Quando il mio amato capitò nel Faran, in occasione della festa della tosatura delle pecore, inviò a Nabal dieci uomini, chiedendo approvvigionamento in nome di quella difesa che lui aveva esteso, nel deserto, agli uomini di Nabal. Ma lo sconsiderato cacciò via i questuanti, per di più offendendoli. David decise di punire Nabal, lo avrebbe trucidato con le sue stesse mani. Mentre saliva verso il Carmel, meditando la maniera più atroce di mettere in atto la sua vendetta, vide a un tratto arrivare dall'alto una carovana di asini stracolmi di vivande e doni e ci fu qualcuno dei suoi che li contò: duecento pani, due otri di vino, cinque montoni cotti, cento grappoli d'uva passa, duecento dolci ai fichi. Dopo quella sfilata, David scorse una sagoma elegante attorniata dalla servitù. Non poté scrutarne il viso, perché coperto da un velo, ma i monili sul braccio scoperto dimostrarono che era una giovane donna. Il mistero fu subito sciolto, quando la figura scese dal suo cammello e si prostrò ai suoi piedi. Poi fece scivolare giù dal capo il suo mantello, mostrando un viso incantevole.

«Perdona la stoltezza di mio marito, grande Davide.»

«Come ti chiami?»

«Abigail.»

«In questo momento mi verrebbe da accordarti tutto ciò che chiedi.»

A lei scappò un sorriso, mentre, ancora col capo chino, un ricciolino le cascò sulla fronte.

«Alzati, Abigail. Una donna così intelligente non deve stare ai piedi di nessuno.»

Nabal morì pochi giorni dopo, dicono per il grande spavento del pericolo scampato. Ma le illazioni sostengono che qualcuno affrettò la sua morte. Nemmeno il tempo che si spargesse la notizia e David la mandò a chiedere in moglie. Dissero che dalla casa dove giacquero si spandessero lampi e faville e io bruciavo dentro.

La ignorò come, dopo i primi tempi, aveva fatto con me? Davvero avrebbe potuto prendersi cura delle sue tante donne, impegnato com'era a predare le città filistee, facendo razzia di buoi e pecore e seminando sterminio?

Tutti sapevamo che sarebbe diventato presto re e quando mio padre morì, in una delle tante battaglie contro i filistei, lui dimostrò ancora una volta il suo spirito nobile, come mi raccontò uno schiavo. Si presentò al suo cospetto un fuggiasco, porgendogli il bracciale di Saul. David lo guardò torvo.

«Perché l'hai tu?»

«Saul si è gettato sulla sua spada per non cadere in mano ai nemici. Ma non spirava e io l'ho trovato moribondo.»

«E cosa hai fatto?»

«Mi ha chiesto di finirlo. Vedendolo così agonizzante, l'ho aiutato.»

Immagino lo sguardo torto di David, che tante volte aveva mostrato fin troppa lealtà verso mio padre. Gli domandò, indignato: «Hai ammazzato il tuo re?».

«Se non l'avessi fatto io, ci avrebbe pensato il nemico! Con lui sono morti anche i suoi figli.»

«C'era anche Gionata tra loro?»

«Purtroppo sì.»

Credo che David abbia nascosto il magone, il legame che c'era con mio fratello era fortissimo. Una volta disse che lo amava più di quanto si ama una donna. L'aveva difeso da un branco di sciacalli e, a ogni scorribanda, gli aveva regalato la parte più preziosa del bottino.

L'altro continuò: «Il giorno dopo la battaglia, i nemici hanno recuperato i corpi del re e dei suoi figli e hanno tagliato loro la testa, portandola in giro per la città in segno di trionfo e hanno appeso i loro corpi decapitati alle mura della città di Betsan».

«Turpi assassini!»

«Ma quando i sudditi seppero cos'era accaduto, si sono recati di notte a Betsan per recuperare quei corpi decapitati e seppellirli come meritavano. Hanno osservato un lutto di sette giorni, di cui oggi cade l'ultimo giorno.»

«Grazie per il tuo resoconto, fuggiasco. Ma devo condannarti a morte.»

«E perché mai? Ti ho raccontato tutta la verità.»

«Infatti sono le tue parole che hanno siglato la tua condanna. Perché, anche se te l'ha chiesto lui, hai ammesso di aver ammazzato un unto, un prescelto dal Signore.»

Seguivo quelle vicissitudini e fremevo quando non giungevano sue notizie per troppo tempo. Sapevo che David si rivolgeva a Dio in un rapporto estenuante fatto di preghiere, suppliche e insoddisfazioni. La guerra sussisteva come polveroso scenario: una guerra perpetua, subdola, sanguinaria.

Lui conosceva a fondo i metodi per farsi tenere in alta considerazione. Già da quando girovagava per colpa di mio padre, svolgeva una fitta azione diplomatica con le comunità del territorio di Giuda e, dopo ogni razzia, faceva pervenire alle città parte del suo saccheggio. Prima venne nominato re di Giuda per volontà degli anziani della Giudea, mentre le altre tribù d'Israele all'inizio preferirono mio fratello Isbaal come re. Per compiacere David, due ladroni uccisero Isbaal e ne portarono la testa a David, ma lui dimostrò ancora una volta la sua integrità: anziché rallegrarsi di quel macabro dono che avrebbe accresciuto il suo potere, li fece massacrare inorridito. In molti videro le loro mani e i loro piedi appesi sopra la vasca di Ebron, a tetro monito. Vennero a Ebron gli anziani di tutte le tribù d'Israele e gli offrirono il regno unificato, con capitale Gerusalemme.

David avrebbe regnato per quarant'anni, governato con saggezza e ammaliato il cuore di centinaia di donne. In quegli otto lustri la gloria sarebbe stata schiacciata dall'angoscia. Eppure ne uscì splendente. I filistei vennero piegati, i moabiti ridimensionati, anche gli aramei e gli ammoniti abbassarono la cresta. Il tempo trascorreva e del nuovo re si riportavano vittorie e mirabilie, ovunque le genti si sperticavano in lodi in suo onore.

David governò con discernimento e mostrò grande generosità verso mio nipote Meribaal, il figlio del suo estinto amico Gionata, mio fratello. Se veniva qui a corte, evitava di infiltrarsi nella zona delle donne e, nonostante cercassi di carpire anche al volo la sua snella figura che camminava velocemente, non lo incontrai mai.

Quando il tremendo guerriero Abner, cugino di Saul, gli propose un accordo, David impose me come condizione. Mi rivoleva indietro. Io mi sentii scoppiare di felicità. Erano passati alcuni anni e non c'eravamo più rivisti: la paura di non essere abbastanza, di non reggere il confronto con altre fanciulle, boccioli di giovinezza e beltà, mi fece sentire una stretta al petto.

Entrai nel suo palazzo come se fossi trafitta da un roveto di spine. L'ansia durò poco, lui venne la notte stessa a trovarmi e io toccai il cielo con un dito. Poi però sparì di nuovo.

Sapevo dei suoi innumerevoli figli e figlie concepite, raccoglievo in ogni dove notizie su di lui: Natan, Tamar, Elisama, Elifelet, Assalonne, Daniele e gli altri. Assalonne gli avrebbe dato del filo da torcere, ma David lo avrebbe perdonato. Era incapace di mantenere il rancore. Il nome che detestavo di più era quello di Salomone, figlio di Betsabea. Perché fu quando la vide che David diede il peggio di sé.

Mi domandai se nessuno dei suoi fedelissimi lo avesse mai biasimato per come si era comportato per avere Betsabea. E Dio lo assolse? Forse no, altrimenti gli avrebbe reso meno gravoso quel regno. Un pomeriggio, durante la guerra con gli ammoniti, mentre tutto l'esercito di Israele assediava Rabbat, da una terrazza del suo palazzo di Gerusalemme David notò Betsabea, mentre ella faceva il bagno completamente senza veli.

«Chi è quella meraviglia? L'ho già intravista, ma mai così nuda e perfetta.»

«La moglie di un suo fedele» rispose il servo.

«Certo, è la donna di Uria l'hittita!»

Uria, il guerriero devoto che giungeva puntuale alle adunate e, quando era il momento di mostrare la differenza tra codardi e valorosi, si lanciava in prima fila. L'ufficiale del suo esercito che più tra tutti si consumava per la causa in quel momento era preso dal tentativo di espugnare Rabbat. Avrebbe dato la vita per il suo re, figuriamoci la moglie. Ma certe cose non si potevano chiedere. Si dovevano strappare. David lo sapeva e già planava lungo nuove radure di piacere.

Gli bastò schioccare le dita e iniziò una relazione. La nudità di Betsabea, da vicino, era ancora più accecante che da lontano. Rifulgeva del chiarore di una pioggia di stelle attaccata al firmamento.

Quando poi David scoprì che lei era incinta, cercò di far credere che il figlio fosse di Uria, richiamandolo dalla guerra. Quella volta lui rischiava grosso, erano colpevoli del reato di adulterio, che prevedeva la pena di morte per entrambi gli amanti.

Così David richiamò Uria nella capitale, affinché si unisse carnalmente a sua moglie. Ma quello dormiva ogni notte su un giaciglio, nel corpo di guardia della reggia.

«Perché non corri a giacere con Betsabea, o Uria?» gli domandò David, dopo averlo fatto convocare. Non capiva come un uomo potesse essere così indipendente dalle tentazioni della carne.

«Non me la sento, mio re.»

«Cosa te lo impedisce?»

«I sensi di colpa verso i miei compagni che ora stanno al fronte a combattere.»

"Che stupido uomo!" pensò David, anziché lodarlo per la sua devozione, e la diede per persa, non avrebbe mai convinto un puro con l'arma dell'istigazione. Così passò al contrattacco. Scrisse un biglietto a Gioab, nipote di David e capo dell'esercito, col quale esortava Gioab a sacrificare Uria negli scontri più pericolosi, e incitava a lasciarlo solo affinché fosse più vulnerabile.

Betsabea pianse il marito deceduto in guerra? Quest'informazione non mi giunse mai, seppi però che, appena trascorso il periodo di lutto, David volle che lei si trasferisse alla sua reggia e insieme ebbero tre figli, il più celebre dei quali è Salomone.

Certo i guai non mancarono, come accade a chi è all'apice del potere. L'arca dell'alleanza venne trasferita dalla collina di Abinadab a Gerusalemme, non senza un sacrificio. Uzza guidava il carro, ma questo scricchiolò e, quando i buoi si staccarono, riuscì a sostenere l'arca con un movimento repentino. Ma l'arca era intoccabile. Dio ignorò le sue buone intenzioni e non gli perdonò il sacrilegio: tutti videro Uzza stramazzare a terra senza vita. Dopo tre mesi, la creazione entrò finalmente a Gerusalemme e l'acquisizione fu occasione di festeggiamenti.

Dal mio balcone vidi David che si contorceva e danzava come un invasato. Attorno a lui, fanciulle seminude lo imitavano. Tra esse una schiava con i seni scoperti dipinti d'oro e una lunga collana di ossicini di rapace, i suoi lunghi capelli svolazzavano mentre lei volteggiava. Uomini e donne non avevano ritegno. Ridevano sguaiatamente e si rimpinzavano di focacce e carni arrostite, ingurgitandole senza nemmeno masticare, inseguivano con grida animali spauriti, li intrappolavano e li sgozzavano modulando strane cantilene.

Finiti i bagordi, David si presentò alla mia stanza. Puzzava di vino, di fumo, di selvatico, di sudore acre, di sangue rappreso, di baci rubati. Mi sembrò di potergli bere l'essenza, vidi la sua anima nuda e non mi sembrò più l'uomo affascinante di un tempo. Come se gli eventi trascorsi, cui non avevo mai dato eccessivo peso, e le narrazioni udite avessero finalmente fatto breccia nella mia testa.

Perché tutte, io per prima, lo avevamo trovato così irresistibile? Nonostante lui fosse fisicamente davanti a me – come infinitesime volte avevo invano agognato – i suoi contorni, tanto inseguiti, tanto adorati, stavano miseramente sfumando. Mi passarono davanti agli occhi le stagioni trascorse a trepidare per la sua assenza, a venerare il simulacro di un uomo che non esisteva.

L'evidenza di quella lacerazione mi si scarnificò addosso, come una crepa colmata di luce.

Gli lanciai qualche frase sprezzante, prima che lui si ritirasse.

Quella fu l'ultima notte che mi visitò.

Per sua volontà, egli credette.

Libro di Giuditta

Giuditta

VII-VI secolo a.C.

Spada. Io ero spada e fuoco e sabbia. Tramonti arancioni sulle distese color arachidi, acque sicure del Giordano, spinosa come il cactus del Sabar, mi nutrivo di caccia e spaziavo cavalcando sulle distese brulle attorno a Betulia, dove mi ero conquistata, con fatica e sudore, il rispetto dei miei conterranei. Perché per loro costituivo un'anomalia. Il mio defunto marito, Manasse, mi aveva lasciato in eredità oro, argento, armenti, terreni e schiavi che io trattavo con umanità. Vedova da tre anni, non prendevo in considerazione l'idea di risposarmi e avevo radunato gente che lavorava per me. In particolare ero attorniata da un corteo di compagne, sempre pronte a prendere la parola in mia difesa, leali, premurose, e tra esse una in particolare mi era molto cara, Emeth. Pur avendo ricevuto allettanti proposte per le seconde nozze, continuavo a preferire mille volte la mia vedovanza, perché nessun altro stato mi avrebbe concesso uguale libertà. Se restare senza figli doveva essere il pegno per non avere vincoli, ero disposta a pagarlo. Del resto non ero pungolata da quello struggimento che, se non si avverava, scaraventava le donne nel pantano più nero.

«Tu giochi col fuoco» mi accusò un pretendente, offeso per essere stato rifiutato.

«Cos'ho mai fatto?» domandai senza farmi trascinare dal suo tono iroso.

«Non vuoi risposarti. Lo sai cosa fece Tamar pur di non restare sola?»

Certo che sapevo cosa era accaduto a Tamar, figlia di Sem, sposa di Er e nuora di Giuda. Quando suo marito morì, si presentò al di lui fratello Onan, come prevedeva la legge. Se avessero concepito un discendente tra cognati, la paternità sarebbe stata considerata del marito defunto. Ma Onan, che non ne voleva sapere, disperdeva a terra il suo seme ogni volta che la possedeva. Pratica osteggiata e considerata ai tempi vietatissima, così come sottrarsi alla legge, e Dio lo punì con la morte. Giuda però non puntò il dito sull'operato dei maschi, si convinse che i suoi due figli fossero morti perché Tamar portava sfortuna e quindi non la volle dare in moglie nemmeno al terzo fratello, più giovane. Lei si vide costretta a ricorrere a uno stratagemma, decise di raggirare proprio Giuda, il suocero severo che la guardava con diffidenza.

Così cominciò la sua recita. Il giorno in cui lui andava a Timna per la tosatura del gregge, Tamar si coprì il volto col velo, e si pose a sedere all'ingresso di Enaim, sulla strada, fingendosi una prostituta. Lui non la riconobbe nemmeno dalla voce. Per offrirsi al suocero, che voleva pagarla con un capretto, lei chiese in pegno il suo sigillo, del cordone e il bastone che impugnava e lui, pur di godere dei piaceri dell'amplesso, cedette. Lei mirava ad altro. Il suo seme, voleva soltanto quello. Le serviva per non essere relegata ai margini, sfortunata, reietta, maledetta.

Giacquero assieme e lei restò incinta, ma rischiava grosso in quanto vedova. Lo sapeva e forse non se ne faceva un cruccio, mossa dalla temerarietà di chi non ha più nulla da perdere. Intanto la gente mormorava, poiché additare le colpe altrui era considerato un metodo infallibile per scrollarsi di dosso le proprie. Qualcuno riportò a Giuda che Tamar si era prostituita e lui palesò il disprezzo che aveva covato da sempre verso di lei, invocando la pena prevista.

«Che venga bruciata!» gridò di fronte al popolo che gli aveva portato la notizia.

Ma lei si difese: «Solo io vengo punita? Non mi chiedi nulla dell'uomo con cui ho concepito?».

«Di' ad alta voce il nome di quell'uomo: che anche lui abbia la giusta punizione!»

«Colui che si coricò con me è lo stesso uomo che mi ha lasciato questi tre pegni» e glieli porse.

Quando vide esibiti il suo sigillo, il suo cordone e il suo bastone, Giuda restò a bocca aperta e si rimangiò quei propositi malvagi. Con quei tre oggetti, Tamar si era garantita il futuro per sé e per i due gemelli che portava in grembo.

Ecco cos'erano costrette a inventarsi, talvolta, le donne. Io, invece, ero un caso mai visto. Me ne stavo al di fuori. Pregavo con fervore, praticavo il digiuno come prevedeva la mia condizione e onoravo il mio nome, che in ebraico significa «lodata».

Sarei vissuta come desideravo per sempre, se non fosse che a Nabucodonosor, re dei babilonesi, inorgoglito per aver sottomesso i medi, venne il capriccio di dirigere le sue conquiste a occidente, voleva Damasco e i tessuti della Siria, puntava gli occhi sulla Giudea, convinto che nessuno avrebbe impedito al suo indomabile esercito di uscirne vittorioso.

Così Betulia, issata su un monte, venne assediata dal celebre generale Oloferne, del quale si diceva che collezionasse infiniti trofei, grazie anche all'abilità dei suoi strateghi e di un esercito copiosissimo.

Tra le mura si era scatenato il panico. C'era chi, disperato, gridava che non avevamo scampo e le loro paure venivano alimentate dalle notizie di chi già c'era passato: devastazioni, saccheggi, furia rovinosa. Fiumi colmi di cadaveri, vallate straripanti di caduti, prigionieri venduti in terre lontanissime. Non avrebbero mai più conosciuto il sapore dolce della libertà.

I paesi che non erano stati soggiogati, si erano comunque piegati alle svantaggiose proposte di pace, perdendo case, armenti e greggi. Oloferne aveva demolito templi e abbattuto boschi sacri, non si fermava di fronte a nulla. Gli israeliti pregavano e, per rendere le loro suppliche più vivide, si umiliarono, si cosparsero il capo di cenere e, vestiti di sacco, alzarono le mani al Signore. Il sommo sacerdote, gli anziani e tutti i ministri del culto divino offrivano l'olocausto perenne, i sacrifici votivi e le offerte volontarie del popolo, coi turbanti pregni di cenere.

«Ci metteranno a ferro e fuoco» disse il sommo sacerdote, che era anche un mio stretto parente e spesso, anche se non era pratica comune, si consultava con me.

«Quanti sono?» domandai io.

«Centosettantamila fanti e dodicimila cavalieri.»

«Non tutto è perduto» cercai di rincuorarlo.

«Sì, invece. L'esercito straniero inghiottirà la terra, né i monti più alti, né le valli profonde, né i colli potranno resistere al suo peso.»

Era sempre molto tragico, il sommo sacerdote. Ma aveva i suoi buoni motivi. Dall'alto della nostra rocca, noi seguivamo le mosse del nemico e ci stupivamo di fronte alle vallate occupate da contingenti così numerosi. Oloferne procedeva con astuzia, dovevo riconoscerglielo. Aveva studiato gli accessi a Betulia, aveva bloccato le vie di approvvigionamento e i corsi fluviali per sfinirci di fame e di sete, con la complicità dei moabiti e di altre popolazioni locali.

Nonostante avessimo razionato l'acqua, le cisterne si svuotarono in pochi giorni. L'inedia ci privava di ogni energia e cominciavamo a contare i primi decessi, soprattutto vecchi e bambini.

Il popolo si radunò costernato e si lamentò con gli anziani superstiti.

«Sarebbe stato meglio sottostare a un trattato di pace, piuttosto che perire di sete e di fame! Consegniamoci, meglio un saccheggio che una lenta morte!»

A noi donne non capitava mai di parlare in pubblico, non esisteva una legge che ce lo proibisse, ma sapevamo che non avremmo dovuto metterci in mostra né attirare sguardi o stuzzicare l'udito: così inviai la mia ancella a chiamare due degli anziani della città, Cabri e Carmi, e li convinsi, dando la prova migliore del mio eloquio, che avremmo dovuto resistere. Ebbi la loro attenzione solo grazie alla mia posizione di rilievo.

«I tuoi discorsi sono assennati» mi dissero infine. «Ma noi non abbiamo i mezzi.»

«Lasciatemi fare un tentativo.»

«Cos'hai in mente?»

«Un piano per salvarci. Ma ho bisogno del vostro aiuto: starete di guardia alla porta della città questa notte.»

Prima di prepararmi, mi ritirai nelle mie stanze per un faccia a faccia con Dio: anche se Lui era invisibile mi sembrava di percepirne la presenza.

«Signore del Cielo e della Terra, creatore delle acque, re di tutte le Tue creature, ascolta la mia preghiera; fa' che la mia parola e l'inganno diventino piaga e flagello di quelli che tessono progetti crudeli contro la Tua alleanza e la sede dei Tuoi figli. Spezza la loro alterigia per mezzo di una donna. Perché la Tua forza non sta nel numero, né sugli armati si regge il Tuo regno: Tu sei invece il Dio degli umili, sei il soccorritore dei derelitti, il rifugio dei deboli, il protettore degli sfiduciati, il salvatore dei disperati. Da' a tutto il Tuo popolo e a ogni tribù la prova che sei Tu Dio, e non c'è altri all'infuori di Te che possa proteggere la stirpe d'Israele.»

Poi cominciai il rito preparatorio, aiutata dalla mia fedele ancella. Mi feci un bagno profumato, indossai splendide vesti e mi feci fissare un diadema in testa. Lei chiuse ai miei piedi i sandali preferiti, mi cinse con collane, orecchini e altri ornamenti. Nel mentre ci scambiavamo sguardi che contenevano sgomento, infondevano coraggio, effondevano ardore. Lei si chiamava Emeth, che significa «fedeltà», ma è anche la fiducia di chi si affida a Dio. Era la più speciale tra coloro che abitavano nelle mie terre. Di origini asiatiche, aveva gli occhi a mandorla, i capelli nerissimi ed effondeva dolcezza a ogni parola.

In sua compagnia era tutto più semplice. Lei portava sulle spalle, tutti ravvolti, un'ampolla di olio, un otre di vino, una bisaccia con farina tostata, fichi secchi e pani puri, insieme attraversammo la città.

«Ti aiuto? Pesa troppo quel carico.»

«No, non è così pesante. Tu hai un compito più importante» mi rispose.

Era anche saggia, Emeth. E delle volte lanciava qualche battuta che mi strappava il sorriso. Come quando giungemmo alle porte di Betulia e gli uomini ci guardarono con cupidigia.

«Il loro desiderio ci circonda come le farfalle che svolazzano attorno a una candela, la notte.»

Gli anziani della città, Cabri e Carmi, insieme a un'altra eminenza di nome Ozia, mi fecero passare senza accorgersi che li stavamo deridendo.

Gli stessi sguardi maschili che sentivo addosso, li ritrovai nell'accampamento nemico. Dissi una bugia alle prime sentinelle che mi vennero incontro, fingendo di essere in fuga dalla mia città.

«Voglio parlare col vostro comandante Oloferne, per raccontargli tutti i segreti di Betulia e aiutarlo a impadronirsi di queste alture senza che perisca uno solo dei suoi uomini.»

Essi mi credettero, apprezzarono il contegno e la

parlata sicura, e mi condussero alla tenda di Oloferne, mentre tutto l'accampamento accorreva curioso, circondandomi di sguardi, del resto io ero l'avvenimento del giorno. Quando mi sentivo stringere dal morso della sfiducia, cercavo con gli occhi Emeth, che mi accarezzava con il suo sguardo confortante. Anche grazie al suo appoggio non mostrai tentennamento alcuno, mentre la battuta di un soldato mi fece capire che non mettevano in dubbio il mio racconto.

«Quanta bellezza! Chi disprezzerà un popolo che possiede tali donne? Sarà bene ammazzarne tutti gli uomini, perché se fossero risparmiati sarebbero capaci di ingannare tutto il mondo.»

Oloferne era steso sul suo divano sotto un baldacchino di porpora a intarsi d'oro, di smeraldo e di pietre preziose. Quando mi vide, scorsi nella sua espressione la stessa brama che ero abituata a leggere sul volto di tutti gli uomini. E, come prevedeva l'etichetta, mi prostrai con la faccia a terra per riverirlo, lui mi fece rialzare: «Non temere, donna, perché io non ho mai fatto male ad alcun uomo che abbia accettato di servire Nabucodonosor, re di tutta la Terra. Quanto al tuo popolo che abita su questi monti, se non mi avessero disprezzato, non avrei alzato la lancia contro di loro. Ma ora dimmi: per qual motivo sei fuggita da loro e sei venuta da noi?».

Fui molto brava a fargli credere di essere una traditrice che ordiva in suo favore. Calunniai i giudei e lui ascoltava avido le mie bugie, condite da sguardi vezzosi. Si beveva le mie lusinghe come un uomo consumato dall'arsura e potei dispiegare il mio piano limpidamente.

«Illustre Oloferne, considerami tua serva. Io però sono religiosa e devo rendere conto notte e giorno al Dio del cielo. Intendo restare con te, mio signore, ma permettimi la notte di uscire nella valle per pregare il mio Signore e Lui mi rivelerà quando i giudei avranno commesso i loro peccati, poiché subito dopo espieranno con la morte in battaglia. Io correrò a riferirtelo e tu uscirai con tutto l'esercito a piegarli. Conta su di me, ti guiderò attraverso la Giudea, giungerò davanti a Gerusalemme e vi porrò in mezzo il tuo trono cui tutti si inchineranno.»

I presenti restarono affascinati dalla mia arte nel discorrere, assentirono rivolti al loro capo, che si complimentò con me e mi promise che, conquistato Israele, mi avrebbe condotta alla corte di Nabucodonosor. Mi riservò una tenda dignitosa dove riposai fino a mezzanotte, confabulando con Emeth. Ripercorremmo ogni passaggio sottovoce, ridemmo di alcuni momenti per stemperare la tensione. Poi ricordammo la storia di Dalila, la traditrice. Indotta dai principi filistei a scoprire il segreto della forza del loro avversario Sansone, lei fece in modo di diventare la sua amante. Quando ne parlava, Emeth la descriveva come se l'avesse conosciuta e questo mi pungolava, così ribattevo: «Che ne sai di com'era fatta, dei suoi capelli e del suo volto?».

«La immagino. Secondo me aveva capelli belli e occhi da tigre, proprio come te» mi strappò un sorriso e intrecciò la sua mano alla mia, poi proseguì: «I filistei le promisero di ricompensarla con millecento sicli d'argento ciascuno».

«E lei gli tese un tranello... ma perché lo fece, era filistea?»

«Non si sa. Viveva nei pressi del fiume Sorek. Avrebbe potuto anche essere israelita. Ma detestava la brutalità di lui, quindi finse di sciogliersi tra le sue braccia solo per carpire il suo segreto ovvero in cosa consisteva la sua forza.»

«Segreto che lui all'inizio non voleva rivelarle.»

«Esatto. Lui era un nazireo, consacrato a Dio. Non beveva vino né aceto, non mangiava nulla che contenesse tracce d'uva. E non si tagliava i capelli: lì risiedeva la sua forza. Lei lo assillava con la stessa domanda: "Perché sei così possente?". Per tre volte lui le mentì, ma lei sapeva come metterlo alle strette e gli disse: "Come puoi dire che mi vuoi bene, se non ti fidi di me?". Così lui cedette.»

«E cominciò la sua rovina. Dalila lo fece addormentare e gli rasò i capelli raccolti in sette trecce: così i filistei riuscirono ad abbatterlo.»

Io ed Emeth ci abbracciammo, chiedendoci se in quell'impresa saremmo state Dalila o Sansone.

Decidemmo di uscire per andare a pregare, così prevedevano gli accordi. Le guardie ci scortarono fino all'ingresso dell'accampamento, poi ci lasciarono proseguire sole. Ci inerpicammo per i sentieri che conducevano alla valle, ci spogliammo e lavammo presso una sorgente, mentre i raggi della luna rendevano iridescenti i nostri corpi spaventati ed eccitati allo stesso tempo.

Così per tre notti.

Le giornate in tenda non finivano mai. Non volendo dare nell'occhio, io ed Emeth ce ne stavamo chiuse e silenziose, sopportando il caldo cupo del meriggio. Finché, dopo il tramonto, Oloferne mi faceva convocare per il banchetto. Tutto procedette come previsto. Ogni volta che esitavo, ogni volta che dubitavo, mi soccorreva lo sguardo di Emeth, dolcissimo e pieno di fiducia, come a rassicurarmi che sarebbe andato tutto bene. Gli impegni guerreschi fiaccavano il comandante al punto che la mia avvenenza non lo spinse a infrangere i limiti: grazie al cielo gli servivo come alleata, non come preda.

Ma la quarta sera, designata per mettere in pratica i miei propositi segreti, cambiò qualcosa. Mi presentai da lui quasi offrendomi, Emeth era maestra nell'arte della seduzione e mi aveva agghindata come una regina. Entrai nella sua tenda, lei stese a terra le pellicce ancheggiando sensualmente e sbattendo i suoi bellissimi occhi neri, truccati alla maniera orientale. Mi adagiai con una mossa che lasciò cadere il velo: le mie spalle scoperte fecero balenare negli occhi di Oloferne un guizzo lascivo. Emeth uscì dalla tenda, non senza avermi lanciato prima un ultimo sguardo. "Sta andando tutto come previsto" diceva tacitamente. "Io sarò fuori ad aspettarti."

Lui mi fissava come se fossi un frutto esotico che non vedeva l'ora di spolpare, mentre il vino che ingurgitava gli rendeva disinibita la parlantina.

«Bevi anche tu e datti alla gioia con noi, Giuditta!»

«Certo, mio signore» e sorseggiai molto lentamente, senza che quello si accorgesse che ogni mio sorso lui ne tracannava venti.

Cominciò il suo lungo monologo. Trascorsi le ore a sorbirmi ridondanti narrazioni sulle città cadute e conquistate, sulle glorie con cui veniva celebrato. Una noia mortale, ma sapevo che c'era in ballo il destino della mia città, quindi lo ascoltai fingendo uno straordinario interesse, mentre lui beveva tanto vino quanto non ne aveva mai ingollato da quando era al mondo. Ogni tanto mi inserivo per elogiarlo, poiché niente lo blandiva quanto le adulazioni. Si fece sempre più compiacente e pareva estasiato dalla mia presenza, mi rivolse anche qualche domanda sulla mia ancella, voleva sapere da dove giungesse e quanti anni avesse. Chissà quali mirabolanti imprese pensava di intraprendere con due donne, in quello stato. Gli diedi informazioni sbagliate, pungolata dal morso della gelosia: mi infastidivano quelle domande.

Quando fu buio e il banchetto terminò, i suoi uomini si ritirarono e noi restammo soli. A inizio serata temevo che potesse approfittare di me, ma in quel momento, vedendolo ubriaco fradicio sul giaciglio, tirai un sospiro di sollievo. Era proprio vero, gli uomini che millantano le gesta più roboanti spesso sono i più innocui.

Mi sporsi appena fuori dalla tenda, per sincerarmi che non ci fosse nessuno: soltanto Emeth vigilava e, appena mi vide, rientrò con me. Fissava l'uomo che russava rumorosamente davanti a noi, a pancia in su, bofonchiando strani suoni. Mi sorrise.

«Eccolo qui, il temerario comandante temutissimo da tutte le contrade d'oriente e occidente!»

Ci lasciammo uscire un sospiro di sollievo, poi lei annuì, infondendomi audacia. Perché l'impresa non era conclusa. Mi diressi col cuore che pompava verso l'armatura di Oloferne e ne staccai la scimitarra. Carezzai la curvatura argentea, che mi ricordò una falce di luna. Poi la impugnai con fermezza. Emeth chiuse le sue mani sulle mie e per qualche istante restammo unite con l'arma, come due angeli sterminatori. Si staccò da me e io mi avvicinai all'uomo che stava arrecando tanto male al mio popolo. Certo, lui era solo uno strumento nelle mani di un sovrano tirannico, ma aveva scelto di prestarsi alla distruzione altrui. Di stare dalla parte sbagliata.

Per questo andava punito.

Mi posi di fronte a lui e lo colpii con veemenza al collo, mi sembrò duro come il tronco di un albero. Se avesse gridato, sarebbe stata la fine per me. Ma non poteva: gorgogliò qualcosa, portandosi la mano alla gola, mentre il sangue gli usciva dalla bocca e dal solco che gli avevo procurato. Continuai a infliggergli fendenti con una furia mista a terrore e a rabbia, mentre Emeth, accanto a me, mi incitava a voce bassa.

Non pensavo che bastassero pochi altri colpi per recidergli dal collo la testa, che rotolò a terra. Gli occhi erano socchiusi, la bocca contratta in una strana smorfia, come se soltanto in quel momento si fosse reso conto che la festa era davvero finita. Quella chioma riccia e quella folta barba che puzzava di vino erano responsabili di migliaia e migliaia di ecatombi. Ora giacevano inermi ai piedi di due donne.

Se ci avessero scoperte, avrebbero inventato le più feroci torture per punirci. Mi venne in mente la vicenda della fenicia Gezabele, che sposò Acab, re di Israele. Regina dal forte temperamento, considerata malvagia oltre ogni limite, adorante il dio Baal anziché Dio, influenzò il marito al punto che qualcuno sosteneva che lo dominasse. Nessuno però insisteva sulle sue qualità di amministratrice: lei voleva rendere prosperoso il regno di Israele e si adoperava con lungimiranza. L'odio nei suoi confronti tuttavia cresceva, era quello degli uomini verso le femmine che osavano liberarsi dalle catene e circoscrivere nuovi spazi: così venne uccisa barbaramente, buttata giù dalla finestra e lasciata in balìa dei cani, che ne lacerarono le carni. Come ultimo atto di spregio, ciò che restò di lei venne usato come concime.

Io ed Emeth coprimmo il corpo alla meno peggio e lo camuffammo come se stesse dormendo. Poi nascondemmo la testa nella bisaccia dei viveri e fingemmo di avviarci a pregare, come già avevamo fatto le notti precedenti. Attraversammo l'accampamento col sudore che grondava dalla fronte, come potevano le guardie non sentire il nostro cuore che batteva all'impazzata? Nessuno ci fermò e, appena fummo fuori dalla portata del loro controllo, ci lanciammo in una corsa pazza fino a Betulia, dove arrivammo senza fiato.

Consegnai la testa agli anziani, primi tra tutti quelli che avevano creduto in me, Cabri e Carmi, mentre il popolo, esultando, la appese agli spalti delle mura. Mi acclamarono per le strade della città: «Benedetta! Benedetta sei tu!».

«Benedetta anche tu» sussurrai all'orecchio di Emeth, nella mia stanza. M'immaginai, l'indomani, chiliarchi e ufficiali radunati davanti alla tenda di Oloferne, che dovevano svegliarlo e temevano di disturbare, credendolo in mia compagnia. Entrarono piano piano nella parte più interna della tenda, scostarono la coperta e lo trovarono decapitato. Incredibile, una donna aveva messo in ginocchio il possente esercito di Nabucodonosor!

Sentimmo fino a Betulia le loro grida di dolore e di insofferenza: erano persi! Senza Oloferne non osavano muovere un dito, lui aveva concentrato troppo potere nelle sue mani, ora i numerosi strateghi che collezionavano trionfi non erano in grado di accordarsi e ciascuno cercava di ritagliarsi il proprio spazio di celebrità. L'esercito si sparse in fuga, mentre gli israeliti li inseguivano massacrandoli senza pietà, memori di ciò che avevano patito per colpa loro. Depredarono il loro campo; spartendosi un ingente bottino. Il saccheggio durò trenta giorni. A me assegnarono la tenda di Oloferne con tutto ciò che conteneva, le argenterie, i divani, i mantelli, le anfore: io non volli tenerli, ma li consacrai a Dio. Il giubilo durò parecchi giorni, giungevano genti da ogni dove anche solo per vedermi e coprirmi d'elogi, addirittura inventarono una danza in mio onore. Insistevano affinché mi cingessi il capo con una corona d'ulivo, ma non mi piacevano queste esibizioni. Ogni volta ricordavo che non avrei combinato nulla senza il supporto della mia ancella, ma per loro l'aiuto di una schiava non aveva alcun valore.

Volevo soltanto tornarmene ai miei possedimenti, camminare tra i canneti, affaccendarmi con la servitù. Allenarmi con la spada, concedermi lunghe cavalcate.

Finalmente, qualche tempo dopo prendemmo le consuetudini di un tempo, nei miei appezzamenti. Qualcuno mi visitava curioso, qualcun altro avrebbe volentieri allungato le mani sulle mie ricchezze e mettermi in un cantuccio. Per questo scansavo con gentilezza le richieste di matrimonio, che si erano moltiplicate. Emeth e una vita tranquilla era tutto ciò cui ambivo.

Un pomeriggio, stavamo camminando lungo un sentiero che costeggiava il mio campo di ulivi, era da poco passato un carro i cui viandanti mi cercavano. Si erano complimentati con me, io avevo dirottato gli elogi su Emeth. E glielo avevo ripetuto poco dopo, quando finalmente eravamo rimaste sole, ma lei mi aveva rimproverato: «Non devi ogni volta coinvolgermi, preferisco starmene in disparte».

«L'impresa è stata di tutte e due, non lo dimenticherò.»

«Ti ho aiutato volentieri, ma il piano è stato ideato da te. Tu hai rischiato tutto, il compito più difficile l'hai sostenuto tu.»

«Nessuno combina niente da solo.»

Un serpente ci tagliò improvvisamente la strada e lei si aggrappò alla mia spalla. Io la abbracciai. Mi piaceva l'idea che accanto a me si sentisse protetta. Guardai le nuvole che, nel cielo, stavano assumendo sembianti rotondi e bislacchi.

«Ho intenzione di regalarti la libertà, te la sei meritata.»

«Ti vuoi liberare di me?» mi staffilò col suo sorriso contagioso.

«No, sarai per sempre con me. O almeno finché lo vorrai: ma sarai libera.»

Libro di Daniele

Susanna
VI secolo a.C.

Sono Susanna, figlia di Chelkia, e di me si diceva che fossi bella e timorata di Dio. Mio marito Ioakim mi scelse per questo, contrattando le nozze con mio padre: inoltre gli sembrava di buon auspicio che il mio nome significasse «giglio».

Ioakim era ospitale con tutti. In Babilonia aveva un ruolo di rilievo e amava essere riverito, per questo la nostra casa pullulava di dignitari e ricchi possidenti. Tra essi vi erano due anziani eletti giudici e chi aveva da risolvere una lite si recava da loro. Uno era pelato e grasso, uno aveva i capelli bianchi e un vistoso anello di ametista. Essi erano molto stimati e forse credevano che ogni cosa fosse loro permessa, perché troppe volte li ho sorpresi a guardarmi con insistenza. Il salone delle adunanze non era un luogo che mi appartenesse, tuttavia mi capitava di entrare in quel consesso di uomini per rispondere agli ordini di mio marito, che ordinava acqua o succo d'uva dissetante o qualche oliva speziata per ingannare la fame. Ed essi sempre con gli occhi addosso.

"Cos'ho mai fatto per provocare quel morboso interesse?" mi domandavo, convinta che fosse in parte colpa mia. All'inizio i due vecchi sedevano distanti, ma poi si avvicinarono e captai un ossessivo sodalizio. Ridacchiavano quando passavo, mi spogliavano con gli occhi senza pudore. E Ioakim, così preso dalla gestione del suo prestigio, nulla notava.

Ma accadeva davvero o era solo una mia impressione?

Le ancelle non mi avevano detto nulla, mio marito sembrava non essersene accorto...

Cominciai a cercare delle scuse per non farmi vedere, ma Ioakim richiedeva che fossi proprio io a servirlo, come si conviene a una brava moglie. E quando mi presentai velata, mi rimproverò scherzosamente davanti a tutti: «Non sei al mercato, su: scopriti il volto, moglie mia!».

Obbedii arrossendo, mentre i presenti si prendevano gioco di me.

Ogni giorno i due vegliardi confabulavano alle mie spalle e mi lanciavano viscidi sorrisetti.

Cosa avevo sbagliato? Forse controllando se mi puntavano, avevo fatto credere loro di voler ricambiare l'interesse? O le ciocche che cadevano dalla mia acconciatura ricordavano quelle delle meretrici?

Ero in un ambiente protetto, ma non mi sentivo sicura. Un oscuro presentimento incombeva sulle mie spalle come un mantello di bronzo. Finché il presentimento prese corpo, quando meno me lo aspettavo.

Un torrido pomeriggio mi rifugiai, come tante altre

volte era accaduto, nel mio giardino privato, un angolo di frescura dove un ruscello aveva creato un grazioso, minuscolo laghetto: qui amavo ritirarmi, era la mia oasi rigeneratrice. Mi spogliai ed entrai in acqua, inconsapevole che i due bruti si celassero dietro a un cespuglio, intenti a spiarmi con la bava alla bocca.

Le ancelle raccolsero le mie vesti e le piegarono.

Mi deliziavo facendo correre le mani sul mio corpo, in simbiosi con quell'acqua quasi fredda che mi accarezzava le membra, abbandonata a quella che credevo la mia solitudine. Mi intrecciavo i capelli bagnati, affondavo e riemergevo, mentre le gocce scivolavano fino ai capezzoli turgidi, all'ombelico, alle natiche sode. Una libellula si posò su una ninfea e io ammirai il suo esile corpo bluastro, l'eleganza di quelle ali frenetiche.

«Ho dimenticato l'unguento e i profumi, andate a prenderli nella mia stanza» ordinai alle schiave.

Nemmeno il tempo che quelle se ne andassero che i due vogliosi sbucarono fuori. Subito entrarono in acqua, mentre io, sbigottita, mi coprivo con le mani. I loro occhi erano gelidi come quelli di un rettile strisciante che vuole solo divorarti.

«Non urlare, altrimenti ti tappiamo quella bella boccuccia di rosa!»

Uno mi prese per il braccio destro, l'altro per il sinistro, e mi trascinarono fuori, nuda e gocciolante, ignorando le mie suppliche sgomente. Quello pelato mi strizzò il seno, quello coi capelli bianchi spinse la sua gamba tra le mie, costringendomi ad allargarle. E mentre con la mano finiva dalla schiena all'incavo più segreto, mi alitava in faccia coi suoi pochi denti gialli.

«Devi fare tutto quello che ti chiediamo. In caso contrario, diremo che la porta era aperta e ti abbiamo vista con un giovane.»

«Sai che è prevista la pena di morte per le adultere?» rincarò l'altro.

«No!» gridai cercando di sfilarmi dalla loro presa prepotente. «Noooo!»

Ma quelli non mi lasciavano, per nulla colpiti dal mio pianto e dalle mie richieste di pietà.

«Vado prima io?» chiese quello grasso.

L'altro annuì: «Sì, ma muoviti!».

Cercò di immobilizzarmi piegandomi le braccia dietro la schiena, ma io scalciavo e mi dimenavo come un'ossessa e loro non riuscivano a dominarmi. Quando sentimmo che qualcuno si stava avvicinando, presero anche loro a gridare, ma contro di me piangente. Per primi affluirono i servi. Accorse anche mio marito e, con lui, i notabili che gli avevano fatto visita.

«Che è accaduto?» chiesero.

In quanto uomini, vennero ascoltati prima i due anziani malintenzionati che raccontarono la frottola del giovane, mi accusarono di essere una fedifraga e di aver goduto della dolce compagnia di un giovane.

Tutti erano altamente stupiti dall'accusa dei due anziani, io mi coprivo coi vestiti visibilmente scossa, piangevo, i capelli ancora bagnati erano sciolti sulle spalle e anche questo, per me, era motivo di disagio.

Dove avevo fallato? Perché proprio con me avevano osato, forse avevo dato loro qualche speranza? Era colpa mia o comunque in qualche modo avevo contribuito a istigarli, ne ero certa. L'indomani, quando tutto il popolo si radunò nella nostra casa, arrivarono i due perversi coi loro denti marci e chiesero che venissi condannata a morte.

Mi presentai dimessa e velata davanti a tutti, occhi a terra, a ogni passo mi sembrava di avere dei macigni legati al piede. Presenziavano anche i miei genitori e i miei parenti, i conoscenti, la comunità intera. Che vergogna!

I due anziani si alzarono in mezzo al popolo, posero le mani sulla mia testa e commisero un'ultima violenza: mi tolsero il velo. Poi partirono con l'accusa, mentre io, piangendo, alzavo gli occhi al cielo.

«Stavamo passeggiando nel giardino, quando Susanna è venuta con due ancelle e le ha licenziate. Quindi è entrato da lei un giovane che era nascosto dietro a una pianta e subito si è unito a lei. Noi che eravamo in un angolo del giardino, vedendo una tale nefandezza, ci siamo precipitati su di loro e li abbiamo sorpresi insieme. Non abbiamo potuto acciuffare il giovane perché, più forte di noi, è fuggito. Abbiamo però preso lei e le abbiamo domandato chi fosse quello sconosciuto, ma lei non ce l'ha voluto dire. Di questo noi siamo testimoni.»

La folla gracidava che avevano ragione, poiché erano anziani e giudici del popolo, le urla reclamavano la mia condanna a morte. Nemmeno mio marito mi difendeva, nemmeno i miei cari. Era davvero così semplice sovvertire i mondi? Allora cessai di piangere, ignorai la miseria umana e mi rivolsi all'Eterno, lui che conosce i segreti e le cose prima che accadano.

Mentre una ressa latrante mi trascinava alla morte, si fece avanti un giovane. Aveva un viso pulito, e labbra che ricordavano ogni bene. Daniele, così si chiamava, s'inalberò contro gli avvoltoi.

«Siete così stolti, israeliti? Avete condannato a morte una figlia d'Israele senza indagare la verità! Tornate al tribunale, perché costoro hanno deposto il falso contro di lei. Se volete la verità, dividete i due giudici e io li interrogherò separatamente!»

E così fece. Andò prima dall'uno, con un largo corteo di curiosi e pettegoli. Poi andò dall'altro e la domanda rivolta era sempre la stessa: «Ora, dunque, se tu hai visto costei, di': sotto quale albero sono giaciuti assieme?».

«Sotto un lentisco» rispose quello calvo.

«Sotto un leccio» replicò l'altro.

Daniele disse loro: «Avete deposto il falso perché vi siete contraddetti. In verità anche la vostra menzogna vi ricadrà sulla testa. Ecco l'angelo di Dio: vi aspetta con la spada in mano per spaccarvi in due!».

Allora tutta l'assemblea fece loro un voltafaccia. All'improvviso la mia famiglia mi guardò di nuovo con occhi benevoli, mio marito Ioakim aprì le braccia per riaccogliermi con gioia.

Sarebbe tornato tutto come prima, almeno così loro si aspettavano. La mia reputazione fu salva, i vecchioni vennero mandati a morte il giorno stesso e Daniele, l'eroico Daniele, acquisì grande fama. Avrei voluto ringraziarlo per il suo grande animo, soltanto lui mi aveva difesa in un momento in cui persino mio marito aveva dubitato di me.

Daniele divenne un'autorità, qui da noi, e non assunse mai atteggiamenti superbi. Le poche volte in cui lo incrociai, mi sembrò sconveniente rivolgergli la parola e tenni gli occhi bassi per non fargli insorgere il sospetto di essere una poco di buono. La mia gratitudine rimase ripiegata nel baule del mio cuore.

Ero stata scagionata, ma qualcosa nella mia vita era cambiato per sempre. Dentro mi sentivo spenta. Non amavo più giocare coi miei figli, mi consumavo di domande, tornavo indietro col pensiero, arrovellandomi su come avrei dovuto comportarmi. Cosa avrei dovuto rispondere. Quanto avrei dovuto essere più reattiva.

Il fantasma dei due vecchi continuò a perseguitarmi.

Un giorno mi chiesi: e se invece li avessi assecondati? Mi avrebbero lasciata in pace davvero? Forse l'esistenza mi avrebbe risparmiato quel tumulto? Che folle congettura! Mi sentii tremendamente in colpa anche solo per averlo ipotizzato. Il pensiero stesso mi scaraventò nella schiera delle colpevoli: non importa come avessi realmente reagito, lo scorrere impudente dei miei pensieri mi inchiodò a una croce immaginaria.

Mentre attorno alla nostra casa, agli occhi della comunità, si ricuciva l'immagine di Susanna moglie fedele e madre premurosa, dentro di me la vera Susanna sentiva che era morta quel giorno del tentato stupro. E i giorni successivi, in cui era stata prima rinnegata e poi discolpata.

Continuai a trascinare la mia esistenza come gli altri si aspettavano da me.

Ma non mi recai più a fare il bagno nel mio giardino.

Libro di Ester

Ester

V secolo a.C.

Il mio nome ebraico è Adassa, che vuol dire «mirto» e, quando la mia vita ha subìto una svolta, si è tramutato in Ester, che in ebraico significa «io mi nasconderò» ma in babilonese «stella». Sono figlia di Aminadab, della tribù di Beniamino, e il mio destino fu intrecciato a quello di Vasti, prima regina del re Assuero, in tempi in cui le eminenze ebraiche erano state deportate nei regni dell'impero babilonese.

Allora vi governava il re Assuero, sovrano di un territorio che andava dall'India all'Etiopia e comprendeva ventisette province. Viveva in una reggia sontuosa a Susa, grazie ai fasti accumulati dal padre, anche se le tante conquiste che millantava si riducevano a trattati di pace. Aveva una passione per lo sfoggio, il rumore e lo svago. Amava radunare dignitari e conoscenti per essere ossequiato e le sue innumerevoli amanti facevano invidia ai regnanti di ogni contrada. Tra le tante donne, una primeggiava indiscussa: la regina Vasti.

Che aveva il dono della beltà e il merito dell'intelligenza: questi due vantaggi sono molto pericolosi per una donna, perché tanto possono avvantaggiarla quanto ritorcervisi contro.

Mio cugino Mardocheo la ammirava. Vasti era la più considerata tra tutte le altre, principesse di paesi esotici con cui il re aveva fatto in modo di stringere un'alleanza, nobili fanciulle e altri capricci. Vasti, mi diceva Mardocheo, sapeva generalmente volgere le cose a suo favore, ma i suoi interessi non erano mai egoistici. Era riuscita, ad esempio, a convincere il re Assuero a sollevare gli schiavi da alcune fatiche, a concedere elargizioni di cibo, a far risanare zone infestate. Non spese mai la sua leggendaria bellezza per acquisire benefici per sé o per la sua famiglia, già notevolmente fortunata.

Io provavo qualcosa a metà tra invidia e gelosia.

«Ma... tu che la vedi tutti i giorni: Vasti è davvero così bella come dicono?» domandai una volta a mio cugino che, per me, era un'autorità indiscussa. Mardocheo aveva il doppio dei miei anni e si volgeva a me dall'alto della sua autorità paterna, poiché ero orfana di entrambi i genitori e lui si prendeva cura di me. Il fatto che frequentasse la corte come alto dignitario, lo rivestiva ai miei occhi di un'aura di autorevolezza.

«Sì, è bellissima e riesce a conservare le attenzioni del marito.»

Altrimenti, cosa sarebbe accaduto? Mi ripromisi che anch'io sarei stata una moglie perfetta, accondiscendente, obbediente.

Un giorno però Mardocheo tornò a casa da corte

col volto rabbuiato. Temevo a chiedergli cosa fosse accaduto – una delle virtù di una donna, mi aveva detto, è anche la discrezione. Ma non resistetti e provai a domandarglielo, così lui mormorò, scuotendo la testa.

«Ieri sera è successo un guaio...»

Lo guardai con occhi pieni di curiosità e lui proseguì: «Il re stava gozzovigliando in uno dei suoi banchetti, tra alleati, generali e amici di bisboccia. Uno di quei banchetti dove il lusso regna nel salone più sfarzoso: cortine di lino fine e di porpora, sospese con cordoni di bisso e di porpora rossa ad anelli d'argento e a colonne di marmo bianco, divani d'oro e d'argento sopra un pavimento di marmo verde, bianco e di madreperla e splendori di pietre. Siccome il discorso era caduto sulla bellezza della regina e lui voleva mostrarla, l'ha mandata a chiamare. Ha chiesto che lei comparisse nuda, con la corona in testa. Lei si è rifiutata di comparire».

«Certo si vergognava!»

«Forse. Oppure detestava essere esibita. Comunque sia, ora per lei è un bel problema.»

«Perché mai?»

«Ha osato contravvenire a un ordine del re. E lui non può fargliela passare liscia.»

«E ora che accadrà?»

«Assuero ha dovuto prendere provvedimenti, altrimenti tutte le donne potrebbero pensare che sia lecito disobbedire al marito.»

Ero avidamente curiosa.

«Come l'ha punita?»

«L'ha cacciata da corte.»

Una sposa ineccepibile, accorta, bella come viene preteso. Era questo che volevano da noi: che ci annullassimo anima e corpo. Lo sapevo da sempre e lo accettavo.

Mio cugino, folgorato da un'intuizione, mi guardò come se fossi il suo asino, indispensabile per i lunghi trasferimenti.

«Adassa! Il re ora sta cercando una nuova regina che prenda il posto di Vasti!»

Capii subito che mi aveva designata sua erede. Scossi la testa per un attimo, giusto il tempo di ricordarmi che non occorreva dissentire. Mai.

«Adassa, tu sei perfetta come regina. Sei splendida, giovanissima, ti sai comportare. Hai solo un difetto agli occhi del re.»

«Quale?»

«Sei ebrea, ma potremmo tenerglielo nascosto. D'ora in poi ti chiamerai Ester.»

Io lo guardavo in adorazione: Mardocheo, che si era occupato di me da quand'ero bambina, rappresentava la verità, la retta via. Mi aveva insegnato a mungere le capre e far rapprendere il latte in formaggio, a cercare i pozzi d'acqua e a proteggermi dalle tempeste di sabbia. Grazie a lui conoscevo le tribolazioni del mio popolo, fatto di peregrinazioni, schiavitù, fughe, disfatte e rinascite.

Non aveva mai alzato un dito su di me per molestarmi, come alcuni avrebbero fatto al suo posto. Gli anziani raccontavano storie raccapriccianti, ad esempio quella di Amnon, figlio di David e Betsabea, che si era invaghito della sorella Tamar. Consigliato da un amico, si finse malato e chiese che lei gli portasse delle frittelle che lo ristorassero. Ma quando lei si presentò, lui fece in modo che gli altri uscissero e l'afferrò: a nulla valse il rifiuto di lei, alla fine suo fratello la stuprò.

Ero stata fortunata a trovarmi in famiglia con Mardocheo, uomo così saggio, apprezzato perfino dal re. Quindi per me l'imperativo restò uno: accontentarlo. Assentire ed eseguire.

E che il re poi scegliesse me come sostituta di Vasti rese ai miei occhi ancora più apprezzabile l'infallibilità di Mardocheo.

La nostra vita cambiò, protetta dal velo leggero del nostro segreto.

Se Assuero non aveva suscitato in me grandi passioni, era comunque stato abbastanza distratto da visitarmi una notte soltanto, portandosi velocemente via il bene considerato più pregiato per una fanciulla: la verginità. Ero una statua di gesso che veniva spostata di sala in sala. Una bellissima statua di gesso, così lui non sfigurava di fronte al suo corteggio.

Mi abituai presto al lusso e alla servitù, disimparai velocemente la prontezza nelle mansioni domestiche, era così bello farsi servire... ma una parte di me fremeva, perché si rendeva conto di vivere nel peccato. Sempre tenuta d'occhio da qualche eunuco, mi mescolavo alle altre mogli, spiccando sulle anonime in virtù del mio status di prima regina. Ciò mi procurava tanta invidia quanta adulazione, ma io resistevo sia alle lusinghe sia a ogni tentativo subdolo di estromettermi, ferrea nella mia missione: far sì che Mardocheo fosse orgoglioso di me.

Procedeva tutto armoniosamente, ero sposata,

omaggiata, ammirata e insoddisfatta. Mi trastullavo anche in momenti divertenti: un eunuco mi aveva insegnato a incantare serpenti e indurli a mosse sinuose era divenuto il mio modo per ingannare i vuoti del tempo.

Non avevo però messo in conto la presenza di Aman il macedone, figlio di Admata, estraneo di discendenza ai persiani, ma che godeva notevolmente della stima del re ed era assurto a secondo dignitario del regno.

Come quando camminando su sentieri di montagna ignoriamo che può morderci una vipera, spesso nella vita non ci accorgiamo che i pericoli più minacciosi giungono dal basso. E il pericolo – mortale – arrivò da lui. Aman non impiegò molto ad armeggiare per convincere Assuero, già di suo influenzabile, a lasciargli piena libertà di agire. Quello, che da tempo detestava gli ebrei di un odio sordo e malevolo, emanò un editto per sterminarci.

Mardocheo trovò il modo di parlarmi in disparte, in un salone vuoto che custodiva una vasca con acqua verde smeraldo. Si voltò da tutte le parti, per essere sicuro che nessuno ci sentisse.

«Hai saputo di Aman?»

Io annuii.

Lui proseguì: «Lui mi detesta perché, quando ci incontriamo, io non gli rendo omaggio».

Accadeva anche tra favorite. Quante donne, negli alloggi a noi riservati, si ignoravano! Oppure l'una fingeva che l'altra non valesse nulla, facendosi rodere dalla bestia dell'invidia.

«Sa che sei ebreo?»

«Sì. Ma l'editto non è solo contro di me, la mia posizione per il momento mi tutela. Lui vuole placare la sua sete di distruzione.»

«Il re lo ascolta molto, vero?»

«In questo periodo non muove un dito senza il suo consiglio. L'ha ricompensato con un magnificente palazzo e ricchezze a volontà.»

«Allora siamo persi, non c'è possibilità di salvezza» mi misi a singhiozzare.

Ma lui mi prese per le braccia e mi guardò fisso negli occhi: «Sì che c'è possibilità. Una soltanto. E dipende tutto da te».

In quel momento passò un servo con kukus in mano, il dolce persiano alle uova, e il suo aroma prelibato si espanse attorno a noi. Mardocheo sospese il discorso fino a che il servo si fu allontanato.

«Tu puoi fare qualcosa per tutti noi.»

«Io? Io non ho potere, è da trenta giorni che il re non mi cerca!»

«Verremo tutti sterminati, se non fai qualcosa. E anche tu, coi giudei. Non puoi tirarti indietro, in questo momento, Ester...»

Lo guardavo con le lacrime agli occhi, mi sembrava tutto così infinitamente grande per le mie gracili spalle.

«Ester, pensaci bene. Forse Dio ti ha fatta arrivare fin qui non perché tu sia una bella statuina nelle mani di un imbelle, ma proprio perché tu sia la nostra salvezza.»

Se ne andò lasciandomi sola di fronte all'acqua verde e trasparente di quella vasca in cui tante volte mi ero bagnata. Sola e spaesata.

Cosa fare?

Mi chinai per bagnarmi le braccia e tamponarmi il collo.

Rischiavo grosso, in balia degli umori di un coniuge che si piegava a ogni alzata di vento e che, come i fatti già avevano dimostrato, non avrebbe esitato a buttare giù dal burrone anche chi gli stava più vicino.

Perché dubitavo, consumata dalla paura? Ero forse la prima persona che rischiava, in nome della giustizia? Pensai a Giaele, la cui vicenda venne cantata dalla profetessa Debora. Fu moglie del qenita Eber, donna coraggiosa che, in tempi di guerra tra ebrei e cananei, soppresse il generale Sisara. Così andarono le cose: i cananei ebbero un momento di sfavore a seguito di un temporale, così gli israeliti ne approfittarono per inseguirli e, vedendo che le cose volgevano in peggio, Sisara finì nella tenda di Giaele, dove chiese riparo. Lei lo accolse con un finto sorriso. Gli offrì acqua e cagliata, e un giaciglio su cui ristorarsi: aspettò soltanto che lui si addormentasse sfinito per ammazzarlo, conficcandogli un picchetto in testa e trapassandone la tempia. Lo fissò statuaria mentre lui si contorceva, esalando l'ultimo respiro.

E io dovrei esitare ancora?

In preda a un'angoscia di morte, andai nelle mie stanze. Mi spogliai degli agghindi eleganti e indossai vesti di cordoglio. Per umiliare il mio corpo, lo insozzai di lordure e mi cosparsi il capo di cenere e solo allora mi sentii pronta per pregare Dio, chiedendogli di darmi forza e rivelandogli la mia essenza.

«Mio Signore, Tu che sei unico e vero, aiutami...

aiuta un popolo che ha peccato al tuo cospetto. Forse per questo ci hai consegnato nelle mani dei nostri nemici, tramite le nefandezze di Aman? Puniscilo per il suo progetto, fai ricadere sui malvagi i loro propositi empi! Te lo chiede la tua schiava, non Ester, ma Adassa, colei che detesta la convivenza con gli incirconcisi, colei che vive con una maschera in volto, colei che non ha mai bevuto il vino delle libagioni.»

Il terzo giorno mi feci il bagno, mi cosparsi di unguenti e indossai abiti profumati. Inanellate le tempie e le braccia e col volto più affabile che potessi simulare, mi presentai al cospetto del re, che sedeva sul trono regale, nel suo appartamento, di fronte all'ingresso del palazzo. Mi avvicinai a lui con occhi di seduzione e mosse aggraziate. Lui si mostrò compiaciuto coi dignitari e gli amici che lo attorniavano. Tra loro spiccava Aman, avvolto da stoffe sgargianti e, dall'altra parte, Mardocheo. I due continuavano a essere silenti nemici e Aman detestava mio cugino anche perché, tra le altre cose, questi si ostinava a ignorarlo in ogni situazione pubblica.

Il re Assuero gongolò, al vedermi. La donna più seducente lo veniva a cercare, magari pensò che fossi spinta dalla passione. Tese verso di me la punta del suo scettro e con un sorriso sornione mi disse: «Cosa desideri, mia Ester? Bella come sei, puoi chiedermi quello che vuoi e ti sarà dato, anche metà del mio regno».

Finsi di vergognarmi e abbassai lo sguardo. «Grazie, mio re. Non voglio metà del regno, ma la tua presenza. Domani farò allestire in tuo onore un banchetto: ti chiedo solo di venire. È invitato anche Aman.»

Quest'ultimo mi scrutò, mentre mi ritraevo con un inchino, come fa il mercante con una stoffa nuova, dal colore vistoso, quando deve acquistarla e non capisce se sia una merce eccellente o una fregatura.

Seppi poi che Aman, incollerito contro Mardocheo perché di nuovo egli non gli aveva fatto alcuna riverenza, aveva ideato, insieme a pochi intimi, di rovinarlo del tutto e aveva fatto preparare un palo alto cinquanta cubiti per condannarlo a morte. Mi si gelò il cuore e non riuscii a dormire. Non sapevo che, dall'altra parte del palazzo, nemmeno il re dormiva. Si era fatto portare nelle sue stanze il libro delle cronache affinché uno scriba glielo leggesse e, tra le altre cose, aveva ricordato tutto ciò che Mardocheo aveva fatto per lui, come quella volta in cui aveva sventato il tradimento di due eunuchi. Scorrendo i suoi servigi, il re si rese conto che lo aveva trascurato e si sentì in difetto. Si addormentò a tarda notte e si svegliò col pensiero di rimediare.

L'indomani, quando, come di consueto, si presentò presso di lui Aman, il re gli domandò: «Che cosa si può fare per un uomo che il re s'impegna a onorare?».

Il dignitario sorrise tra sé, pensando che fossero in arrivo nuovi regali: «Se davvero lo vuole onorare, gli deve fornire le vesti regali che indossa il re, gli deve far galoppare il suo cavallo e indossare persino la corona».

«Bene, sai che mi fido ciecamente della tua opinione. Va' dunque da Mardocheo, che attende nell'atrio, e onoralo come hai suggerito.»

Mi divertii a osservare dalla balconata la scena dell'uomo empio che si trovava costretto a omaggiare l'uomo giusto. Il ghigno contratto sul volto di Aman denotava la sua stizza, poiché – proprio nel giorno in cui aveva progettato di uccidere il suo nemico – si trovava nella condizione di ossequiarlo, e per giunta con le sue stesse mani! Coi doni che riteneva destinati a sé! Che smacco, per il dignitario.

Ero tesa per il banchetto, poiché lì si sarebbe deciso ogni destino. Sapevo quanto potesse essere mutabile il parere del re Assuero. Feci imbandire una ricca tavola, al cui centro campeggiava un vassoio ovale stracolmo di riso contornato da verdure freschissime, accanto a portate di pesci speziati e di quel gustosissimo stufato di carne che qui chiamano *chilau*. Sparse sul tavolo, manciate di frutta secca, che i persiani gustavano tanto volentieri tra una portata e l'altra, e piccole anfore contenenti salsa di melagrana. Il re si presentò assieme ad Aman, la cena procedeva senza intoppi, Mardocheo ringraziava per gli omaggi ricevuti, finché a un certo punto mio marito mi sollecitò: «Quindi, deliziosa Ester, cosa desideri? Non me l'hai detto l'altro giorno e io mi ripeto: domanda ciò che vuoi, ti sarà data anche metà del mio regno».

Abbassai gli occhi, come sapevo piaceva agli uomini, e dissi: «Mio sovrano, non chiedo nulla per me, ma ti imploro salvezza per il mio popolo».

«Il tuo popolo? Spiegati meglio...»

Gli rivelai la mia identità e le scellerate intenzioni di Aman.

«Io e il mio popolo siamo stati venduti per essere distrutti, uccisi, sterminati.»

Lui rimase in sospeso per un po' di tempo, pensando quale decisione prendere. Poi si alzò adirato, diretto verso i giardini di palazzo, e tutti pensammo che fosse la fine.

Io temetti di essere rinnegata, ma, ciò che era peggio, paventai la disfatta per il mio popolo e la delusione sul volto di Mardocheo. Mardocheo era preoccupato, ma non quanto Aman che presagiva il peggio e si inchinava verso di me, a invocare la grazia, poi si prostrava sul divano. Era troppo vicino, mi spostai leggermente.

Che il tremore di Aman fosse motivato lo dimostrò il re Assuero, quando tornò e vide il suo ministro steso implorante sul mio divano – lo stesso ministro che fino a quel momento aveva goduto del suo favore supremo – e gli puntò il dito contro.

«Aman, traditore! Stai forse tramando di profanare la tua regina, in mia presenza, in casa mia?»

Lui si ritrasse immediatamente, senza perdere la sua posizione di sottomissione. Mai come in quell'occasione vidi quanto un uomo fosse in grado di rimpicciolirsi.

Quindi si fece avanti un eunuco, che stava dalla mia parte: «Maestà, Aman cospirava anche contro l'illustre Mardocheo. Pensi che ha fatto costruire un palo alto cinquanta cubiti perché vi venisse attaccato».

«Bene, a quel palo verrà appeso lui stesso e lì perirà!»

Così, in un sol giorno, scese la rovina su Aman, che perse tutto. Mardocheo acquisì le ricchezze del rivale, incluso il sontuoso palazzo, e Israele dominò chi pensava di annientarlo. Non credevo che avrei mai potuto compiere un gesto così importante per il mio popolo: ero talmente abituata a obbedire e annullarmi in nome della volontà altrui, che non mi ritenevo capace di compiere nulla di straordinario. D'altro canto ero soltanto una donna... E invece quel giorno capii che ognuna di noi può fare la differenza, basta prendere consapevolezza e dichiararsi pronte a rischiare.

Venne istituita la festa del Purim, la più gioiosa tra le ricorrenze ebraiche, per ricordare il pericolo scampato e come le sorti si possano ribaltare.

Senza farmi lusingare dalla vanagloria, imparai ad avere più fiducia in me stessa, riuscendo ad affrancarmi da Mardocheo. E mi chiesi se Vasti, che era stata punita per un no, avrebbe approvato. Saremmo diventate sorelle se ci fossimo conosciute? Cosa mi avrebbe detto, cosa le avrei svelato?

Purtroppo non ebbi mai occasione d'incontrarla, eppure ogni tanto le parlavo sottovoce, come se fosse accanto a me.

Vangeli

Maria Maddalena

I secolo

Chi non l'ha conosciuto non può capire. Non esistono uomini come lui, né mai ne verranno. Allora il mondo era confusione e polvere, nessuno sapeva dove aggrapparsi. Arrivavo da Magdala, una piccola città a est del lago di Tiberiade, una distesa cobalto contornata da colline ispide, cespugli, cactus sempre in fiore. Lì facevano il loro effimero regno gli uccelli migratori. Da quando lui aveva camminato sopra le sue acque, esso si chiamò «lago di Gesù». La vicenda divenne presto leggendaria. Era una notte graffiata da striature azzurrognole, come se Dio avesse lacerato le vesti del firmamento per sbirciare l'illogico che vi si dispiegava oltre. Non alitava un soffio di vento e nessun rapace osava rompere il silenzio con il suo stridulo verso. Aleggiava un'atmosfera di attesa, il creato sentiva che qualcosa stava per accadere.

Finché si alzarono delle folate.

Lui era salito sul monte a pregare e aveva ordinato ai discepoli di partire sulla barca per dirigersi verso Betsaida. Poi licenziò la folla che lo attorniava. Era così facile adorarlo, stare al suo fianco implicava una condizione molto simile alla felicità. Cercò la solitudine per scendere a riva e li vide, non visto: era là, in piedi, con la tunica bianca come un fulmine che squarcia una cupa nube. La stessa tunica che un giorno si sarebbero giocati a sorte i soldati romani: un giovane uomo di fronte al mistero dell'acqua. Gesù di Nazareth si diresse verso di loro, vedendoli affaticati nel remare, poiché avevano il vento contrario, e non pensò che l'acqua inghiotte ogni peso. La sua priorità era far conoscere Dio e l'unico modo era ricongiungersi agli altri, ma anche aiutare a ricomporsi quel mondo ormai distrutto.

Quando lo videro, con l'abito quasi fluorescente per i giochi di luce, lieve sulle acque, le maniche gonfiate dal vento, gli apostoli cominciarono a gridare, credendolo un fantasma. Lui sorrise. Il suo bellissimo sorriso, chi mai potrebbe dimenticarlo? E li incoraggiò: «Che cuori di leoni siete! Suvvia, sono io: non abbiate paura!».

Il loro animo si calmò, soltanto Pietro volle imitarlo, ma ci sono cose troppo grandi per l'uomo. Quello non riuscì a sostenere l'impeto del vento né il dubbio del possibile né gli imbrogli dell'equilibrio e s'impaurì, mentre affondava.

«Signore, salvami!»

Gesù gli tese la sua mano ferma, così delicata e potente, lo afferrò e gli disse: «Uomo di poca fede, perché hai dubitato?».

Io non ho mai dubitato di questo giovane nato a Nazareth. E lui non ha mai dubitato di me. Neppure dei sette demoni che mi possedevano, divorandomi le viscere. Questo è ciò che mi facevano credere mio padre e i miei fratelli: che non avessi scampo. Ero diversa dalle altre donne, il che per loro equivaleva a dire che ero pazza. Così mi avevano tacciata anche al villaggio.

Gesù non si faceva ingannare dalle apparenze, lui copriva l'uditorio con uno sguardo che indovinava fin nelle viscere. Ogni bugia, ma anche ogni lealtà. Lo percepii subito, il suo sguardo che, senza insistenza, sapeva giungere fin nel profondo. Gli bastò toccarmi per liberarmi. La sua mano sulla spalla era come attraversare una cascata di fuoco che non brucia. Chiusi gli occhi qualche istante, trafitta da una spada celeste. Quando li riaprii, lui mi sorrideva. E i demoni erano spariti. O forse, come mi sussurrò lui, non c'erano mai stati.

«La gente ama trovare i demoni anche dove loro non andrebbero mai» disse. Mi scostò una ciocca di capelli dall'occhio e io sentii addosso tutto l'amore che non avevo mai ricevuto.

Qualcuno mi chiese se lo amassi. E come avrei potuto non amarlo? Del resto il mio nome, in Egitto, rimanda all'amore. Ma non si può spiegare questo tipo di sentimento, perché soltanto lui era in grado di emanarlo in maniera totale. Non mi interessava unirmi carnalmente, con lui si era già in una dimensione ulteriore: ogni volta che parlava, ogni volta che mi sfiorava anche inavvertitamente, avveniva qualcosa di incommensurabile. Così avevo lasciato tutto per seguirlo, sebbene lui non si aspettasse niente.

«Sei sicura che vuoi unirti a noi? Non potrai più tornare indietro.»

«Non voglio tornare indietro. A meno che non sia con te.»

Di nuovo, quel suo sorriso che riappacificava con il dolore, che squarciava il buio, che stringeva il cuore in un pugno fino a farlo esplodere.

La sua comunione col mondo si basava su due principi: primo, che ogni creatura avrebbe dovuto rispettare tutte le altre. «Non maltrattare nessuno» diceva agli sconsiderati. «Ama il prossimo tuo come te stesso.» Secondo, che Dio era in ciascuno di noi, bastava cercarlo.

Lui voleva la guarigione. Che le creature danzassero. Che il male si manifestasse solo in una lebbra passeggera, destinata a sparire senza lasciare il segno.

Era coerente con ciò che professava e lo dimostrava appena poteva col suo agire. Diretto, senza interessi, senza tornaconti. La sua presenza s'immergeva nelle persone come se fossero gocce d'acqua che si mescolavano nel medesimo calice. Capivo perché il gruppo dei discepoli e delle discepole si infoltisse: stargli accanto era divenuta la nostra ragione di vita, perché lui infondeva la vita e la gioia.

Così quella volta, mi raccontarono, quando, presso il Monte degli Ulivi, si sedette al tempio per insegnare al popolo: tutti pendevano dalle sue labbra. Gli scribi e i farisei, però, erano in difficoltà, perché lo avvertivano come pericoloso. Percepivano la sua immensità e si sentivano adombrati. Tuttavia lo ammiravano e ne subivano il fascino. Una volta condussero davanti a lui una donna. La posero al centro della folla e gli dissero, solo per metterlo alla prova e semmai per avere motivo di accusarlo: «Maestro, costei è stata sorpresa in adulterio. La Legge di Mosè comanda di lapidarla. Tu che ne pensi?».

Gesù li ignorò, guardò soltanto il volto costernato della donna, chissà quanto era stata offesa e maltrattata. Si stringeva le vesti al petto, quasi volesse trattenere la sua vergogna, e aveva i capelli scarmigliati, come se fosse stata strattonata dalla testa, gli occhi rossi, consumati dalle lacrime.

Gesù si chinò e si mise a scrivere con il dito per terra. Ma quelli insistevano, volevano che lui si pronunciasse, così si alzò e disse loro: «Chi di voi è senza peccato? Sia lui a gettare la prima pietra!».

E, chinatosi di nuovo, scriveva per terra. Quelli se ne andarono con la coda tra le gambe, senza aver capito bene in base a quale sovvertimento potesse venire violata una legge così consolidata. Lo lasciarono solo, e la donna era là in mezzo, mortificata ma eternamente grata.

Gli uomini lo adoravano e lo rispettavano, le donne gli lavavano i piedi con le lacrime e li asciugavano coi loro capelli. Lui era il mio amatissimo e io forse la sua prediletta. Non so, non avevo bisogno che lui confermasse il contraccambio, mi bastava l'amore con cui riempiva l'aria. Tuttavia, gli apostoli erano gelosi. Una volta Pietro mi disse che lui mi amava più di tutte le altre donne. Questa frase mi entrò da un orecchio e mi uscì dall'altro.

«Perché la ami più di quanto ami noi?» chiesero essi un giorno a Gesù.

E lui, che era solito farci riflettere usando le parole come sentiero di un monte da scalare, rispose ribaltando loro la domanda: «Perché io non vi amo come amo lei?».

Quanti nuovi orizzonti dispiegava ogni sua parola. Una lava incandescente entrò dentro di me.

Quando lui mi baciava in bocca, ad esempio, essi ci guardavano torvi. Le sue labbra erano un balsamo di loto, la sua bocca l'ingresso del giardino dell'Eden. E se nel mentre mi guardava negli occhi, io mi sentivo le gambe venir meno e il ventre sfinito. Abbassavo lo sguardo temendo che se ne accorgesse, ma lui era già dentro di me, nella parte più recondita della mia anima, e attorno i fiumi esondavano con dolce violenza.

Gli apostoli conoscevano bene l'altruismo che sapeva profondere, perché lui questo era: fiamme d'amore rivestite da un corpo di giovane uomo. Avevano provato l'idillio, quando lui li prendeva per mano, come se volesse proteggerli. Conoscevano a memoria i tratti delicati del suo viso, i movimenti delle sue labbra, quel modo paterno di alzare e abbassare le mani, come se dominasse i venti. Anche loro erano stati spettatori quando lui aveva incantato persino la morte, quella volta a Betania, a due miglia da Gerusalemme. E non fu l'unica volta. Lo avevano invocato tale Marta e tale Maria, le due sorelle di Lazzaro. Lui si presentò da loro quando il fratello era morto ormai da quattro giorni.

Gesù incontrò prima le due sorelle e pianse con loro. Poi si recarono al sepolcro, una piccola collina sfiorita, raggrinzita dai venti. Lui ordinò che rimuovessero la pietra che ostruiva l'ingresso.

Ci vollero due uomini nerboruti per ottenere un varco.

Ne uscì uno strano odore, misto di viscere putrefatte e di iris appena sbocciato. Ma nessuno di noi indietreggiò, le sue parole rinfrescarono l'olfatto.

«Lazzaro! Lazzaro!» noi attendevamo con trepidazione.

Io non perdetti la fiducia nemmeno per un istante.

«Lazzaro! Esci fuori!»

Facemmo un passo indietro, alzando una mano alla bocca, quando Lazzaro comparve, ancora bendato. Esclamazioni di incredulità alle mie spalle.

Ma di cosa vi stupite, stolti? Di uomini come lui ne nasce uno soltanto nella storia dei popoli: e gli uomini come lui possono realizzare tutto ciò che dicono. Anche l'impossibile. Se gli altri si adeguassero, non verrebbe più versata nemmeno una lacrima, se non di felicità. Se gli altri divenissero come lui, si potrebbero estirpare le guerre, le devastazioni, i soprusi. Le infermità non incalzerebbero come spettri spaventosi. Nessuna donna verrebbe più stuprata, nessun tempio profanato, perché convivrebbero tutti assieme, convergendo verso la medesima stella. Gli arcobaleni sarebbero ponti tra le montagne e nessuno verrebbe più consumato dalla sete.

Gesù prestò volentieri aiuto, anche se all'inizio inconsapevole, all'emorroissa. Lei si considerava spacciata e camminava ai margini, col velo avvolto attorno alla testa, soltanto due fessure per concedere agli occhi di evitare i pericoli. La comunità la considerava impura per via di quelle macchie che lasciava al passaggio e tutti le stavano a debita distanza per timore di essere contaminati. Nessuna parola mai per lei, nessun conforto. Soltanto dita puntate contro. Quando si contorceva, dilaniata dai dolori al ventre, qualcuno giurava di aver visto l'ombra di un demone svettare sopra alla sua. Era da dodici anni che viveva imprigionata in quell'incubo.

L'emorroissa sapeva che Gesù sarebbe stata l'unica occasione. S'intrufolò nella folla, mentre lui si stava recando a casa di Giairo, il capo della sinagoga. Già si era sparsa la voce dei suoi poteri taumaturgici e lui gli aveva chiesto di guarire sua figlia. Il flusso di gente lo attorniava esultante e l'emorroissa si avvicinò da dietro a Gesù, sperando di non essere vista. Temeva che anche lui l'allontanasse. Fu sufficiente che gli sfiorasse il mantello e venne inondata da onde di benessere. Come se il male fosse svanito all'improvviso e lei si cullasse in placide acque tiepide, mentre tutto, attorno, risuonava di una musica celestiale.

Gesù si voltò chiedendo: «Chi mi ha toccato?».

Pietro disse: «Maestro, la folla ti stringe da ogni parte e ti schiaccia».

«No, qualcuno mi ha toccato. Ho sentito che una forza è uscita da me.»

Allora la donna, vedendo che non poteva rimanere nascosta, si fece avanti tremando e, gettatasi ai suoi piedi, dichiarò davanti al popolo il motivo per cui aveva osato tanto, e come era stata subito guarita. Egli le sorrise.

Poi il Nazareno andò a casa di Giairo, ma era troppo tardi, fece notare qualcuno. Sua figlia era già morta. A Cristo, per ridarle il respiro, bastarono due parole: «Fanciulla, alzati!».

Lui era un elisir per la tristezza e per le piaghe di questo corpo, sempre così esposto allo scorrere del tempo. Un corpo che si rattrappisce col freddo, che ansima col caldo, che muta inesorabilmente, che ci tradisce, che cede a una lenta consunzione. Gesù faceva i conti anche con la parte terrena della nostra essenza. Guarì i nullatenenti dalla febbre, dalla lebbra, dalla fame, dall'idropisia, donò il mormorio del mare ai sordi e l'eloquio ai muti, fece camminare il paralitico di Cafarnao.

Dava senza chiedere: la ricompensa era il sollievo degli altri. Tramutò l'acqua in vino, al matrimonio di Cana, inoltre moltiplicò i pani e i pesci per sfamare cinquemila persone, poi debellò demoni, quelli veri e quelli immaginari. Ma, sopra ogni cosa, dedicò la sua esistenza a diffondere l'amore.

Come potevamo, noi che conoscevamo i suoi talenti, sopportare anche solo l'idea di distaccarci da lui? La mia infanzia inutile e dolorosa ormai non esisteva più. Lui aveva cancellato ogni nebbia, ricordandomi ciò che dimentichiamo nell'atto del nascere: tutti siamo tutto. Ogni respiro è legato all'aria che carezza i volti di ciascuno.

Lo seguivo come la più fervente tra i discepoli, ossequiavo il suo ministero contemplandolo, compiendo tutto ciò che mi chiedesse – e chiedeva l'indispensabile. Attorno a lui si creavano moltitudini miste di curiosi, credenti, cialtroni, pensatori, ma lì si nascondeva anche chi lo sconfessava. Lui, che avrebbe potuto ambire al trono dei mondi, ripudiava agi e ricchezze: aveva una predilezione per i sofferenti, per i miserevoli e i derelitti. Al suo passaggio, era come se i pozzi si gonfiassero d'acqua sorgiva purissima e l'erba ricrescesse.

Delle volte tornavamo a Nazareth e io mi intrattenevo con sua madre Maria in un lungo abbraccio. Ma si trattava sempre di brevi soste, lui si sentiva responsabile di una missione impellente, più grande delle parentesi affettive, e noi lo volevamo aiutare.

La verità è che, accanto a lui, ci si sentiva accolti da quella stessa vita che, in condizioni normali, ci schiaffa addosso la nostra inadeguatezza. Faceva anche paura, Gesù. Lui, che non avrebbe mai fatto del male nemmeno a una mosca, faceva tremare le certezze di romani e farisei. Aveva troppo seguito, riscuoteva troppe ovazioni. I pagani e gli ebrei non si capacitavano del suo successo. Non era solo invidia la loro, era anche ottusità. E si percepiva una strana tensione, nell'aria. L'assassinio di Giovanni, che lo aveva battezzato ma non predicava assieme a lui, restò invendicato. E fu un sentore. Me lo raccontò proprio il Nazareno, dopo che gli chiesi perché mai fosse diventato triste all'improvviso. Era seduto su una pietra e guardava il vuoto.

«Hanno tagliato la testa a Giovanni Battista.»

Mi chinai su di lui e lo abbracciai.

«Cosa? E perché mai? Chi te l'ha detto?»

«Lo so. Salomè ha danzato per Erode, ma gli uomini si lasciano affascinare dalla giovinezza tanto quanto i leoni puntano carne fresca da divorare. Le ha fatto i complimenti, le ha chiesto cosa volesse in cambio e lei ha preteso la testa di Giovanni.»

«Perché proprio lui? Non lo conosceva nemmeno...»

«Erode convive con la cognata Erodiade, madre di Salomè, e Giovanni li ha biasimati. Così Erodiade gli ha serbato rancore e alla prima occasione si è vendicata.»

Mi portai le mani al volto. Perché la gente si faceva scorticare l'anima dall'odio? Quanti detestavano Gesù! Quanti avrebbero voluto che lui scomparisse! Non capivo come potessero disdegnarlo, lui che era acqua di sorgente incontaminata, polvere di stelle, candida trasparenza di ghiacciaio. Come aveva potuto il Sinedrio condannarlo a morte in quanto bestemmiatore, poiché – lo accusavano – aveva osato paragonarsi a Dio? A quest'imputazione si aggiunsero quelle dei romani, poiché si era detto «re dei giudei». Si temeva la sedizione. Tutti, in quella pantomima che fu il suo processo, sentivano l'irruenza che si propagava dalla sua persona. Come se attorno a lui sfavillasse un'aura di fiamme rosseggianti. Per questo la sentenza rimbalzò da un'autorità all'altra, né Anania né Caifa né Ponzio Pilato né Erode Antipa volevano impegnarsi a comandare il castigo. Poveri illusi, forse credevano che quello fosse uno dei tanti fastidi che la Storia sottoponeva loro, uno di quegli insetti che è tanto facile scrollarsi di dosso? Assistere a un delitto senza impedirlo è la facciata esterna del grande palazzo del peccato.

Io lo accompagnai durante la Passione, sballottata dalla folla, sconvolta. Incredula: davvero stavano trattando così l'uomo migliore che avesse mai calpestato il suolo?

Quando a Maria mancavano le forze, la sorreggevo. Come si può pretendere che una madre assista allo scempio del proprio figlio? Ogni frustata, ogni insulto, ogni schiaffo era per Maria come se le strappassero la pelle. Per me anche. Con noi Maria di Cleofa, sua zia, piangeva sommessamente. Lo seguimmo ubriache di dolore, catene invisibili ci legavano alla sua sofferenza. Per nulla al mondo lo avremmo abbandonato.

Osservavo la corona di spine che i soldati romani, in

spregio, gli avevano incastrato in fronte sbeffeggiandolo: «Non sei dunque tu il re dei giudei? Tieni questa corona!». Fissavo le gocce di sangue che gli grondavano sul viso e mi graffiavo le guance – le belle guance, come le chiamava lui, che tante volte mi aveva carezzato come un fratello – sbraitavo che la smettessero, che lo lasciassero in pace, come osavano percuoterlo, loro che non erano degni nemmeno di lavargli i piedi?

Le urla esultanti dell'assembramento mi sovrastavano. Dov'era Dio, mentre i romani deridevano suo figlio, gli sputavano addosso, lo schiaffeggiavano? Dov'era, quando la ferocia di gente inutile s'imponeva contro la dolcezza di chi voleva lenire i mali del mondo? Gesù pativa, ma ogni tanto guardava me e sua madre come se volesse dirci di lasciar stare, c'è un senso a tutto, come quando precipita la pioggia e non sa che sta per entrare a far parte dell'incommensurabile fluttuare del mare.

Il Golgota non era elevato, eppure mi sembrò di affrontare una scalinata ripidissima che ci avrebbe condotti verso l'ignoto. Un seguito di due schiere: chi gli aveva gridato «Impostore!», chi avrebbe versato il sangue per lui. La stessa divisione colpì le due croci, una alla sua destra, una alla sinistra.

«Se sei il figlio di Dio, perché non ti salvi? Perché non scendi, visto che sei il re dei giudei?» gli aveva urlato un ladruncolo crocefisso accanto a lui. Quello sull'altra croce lo aveva difeso.

Io piangevo, piangevo, piangevo. Avrei voluto scardinare quei chiodi conficcati ignorando la carne sublime che andavano a profanare, abbattere quella trappola di legno issata a monito, fondermi in lui, e non sopportavo l'idea che avremmo dovuto fare a meno della sua presenza luminosa. Non avrei rivisto i suoi occhi sinceri, il suo sorriso che stemperava ogni affanno, a quel punto contratto in una smorfia che cercava di trattenere la sofferenza. Ecco perché dovevo farmi forza e ricompormi. Non potevo deluderlo, dopo tutto quello che ci aveva elargito. Al di là del tormento fisico, era come se quelle bassezze non lo toccassero.

Tutti ebbero un moto di pietà quando disse: «Perdonali, Padre, perché non sanno cosa stanno facendo!».

Non potevo toccargli i piedi né dargli da bere né scrostare il sacro sangue rappreso che gli macchiava il viso. Ho sperato che quell'agonia venisse interrotta, non sopportavo più di vederlo così, i minuti si srotolavano lentissimi e quando un soldato lo colpì al costato, io e Maria cademmo al suolo con la stessa velocità con cui stillò il suo sangue.

Poi arrivò il segnale.

Quando la terra si scosse, capimmo che era morto. Le rocce si spezzarono e il velo del tempio si squarciò in due. Fu così che, nel chiarore sfolgorante del pomeriggio, calò il buio.

L'umanità ancora una volta aveva rovinato tutto.

Aspettavamo con ansia la deposizione. Lo riempii di baci che il divino corpo era ancora caldo, mentre Maria si portava le sue mani al volto e lo detergeva dalle lacrime. Ero scappata di casa per lui. Avevo rinnegato la mia famiglia, avevo vissuto con un gruppo di uomini in virtù di nuovi ideali. Come avrei fatto senza il suo sorriso che tutto conteneva? Non lo so, ma sarei andata avanti. Non potevo ignorare la forza titanica che mi aveva lasciato in eredità: fatta di benevolenza, devozione per il creato, senso della giustizia.

Lui sentiva che in qualche modo eravamo fusi l'uno nell'altra. C'erano i discepoli, c'erano gli altri devoti, io che posto avevo? Ero davvero importante? Lo scoprii il giorno della Resurrezione, volle che fossi io la prima a cui rivelarsi.

Quando se ne andò, restò comunque accanto a me e io lo divisi con chiunque incontrassi.

Era il Figlio di Dio? Era un uomo come gli altri, convinto di essere il Figlio di Dio?

Non importava più, ormai.

Ma il suo passaggio, quaggiù, aveva palesato anche ai più increduli quanta bellezza e quanto amore si potessero sprigionare all'improvviso. Come era accaduto il primo giorno della Creazione, quando per pochi istanti il tempo si era fermato, poi aveva ripreso a scorrere, quindi era rallentato e aveva compiuto la magia: allora lo splendore aveva fatto rilucere tutto l'infinito in maniera abbacinante. Quell'infinito schizzato in luoghi siderali, così remoti e inimmaginabili, inspiegabile, sfuggente, trasparente. Eppure cocentemente vicino. Così vicino che, ogni volta che guardavo in cielo, mi sembrava di scorgervi il suo volto.

Note finali

Care lettrici, cari lettori, grazie per avermi seguita (anche) in questa avventura, certo diversa dalle precedenti. Parto dai ringraziamenti che per me sono importanti.

Grazie al mio editore e soprattutto alla mia adorata Michela Gallio, per la sua professionalità, per la correttezza, per l'umanità, la lucida intelligenza e per l'entusiasmo con cui ha incluso in catalogo anche questo progetto.

Grazie a Loredana Rotundo, mia indefessa agente, che quando è entrata nella mia vita ha dato una svolta a questo lavoro che può presentare aspetti spigolosi.

Ringrazio la professoressa Benedetta Rossi per i suoi libri, ma anche per i suoi studi illuminanti sulle profetesse e sulle donne di resistenza nella Bibbia. Per la disponibilità con cui ha accolto la mia richiesta di leggere questa riscrittura, per il tempo che mi ha dedicato, per l'acribia delle sue risposte e per le indicazioni preziose (resta fermo che ogni eventuale errore è mia responsabilità!).

Grazie alla professoressa Adriana Valerio per i suoi libri e per i suggerimenti.

Grazie a Davide Jabes per la rilettura accurata e per i consigli.

Grazie a mio marito Gabriele che mi sostiene sempre, non ho ancora capito perché.

Un ringraziamento speciale va a mia sorella Patrizia che è stata la mia seconda, imbattibile lettrice.

Ora mi rivolgo a tutte e a tutti voi che mi leggete, per raccontarvi come è sorta quest'idea. La genesi di questo libro ha del romanzesco: durante un trasloco, ho rinvenuto in cantina degli appunti di mio padre che pensavo di aver perso. Quando mi sono accinta a leggerli, quasi quasi non credevo ai miei occhi: avevo tra le mani un'esegesi biblica di circa seicento pagine! Analisi limpide, profonde, con incursioni personali argomentate e interessantissime. Leggendo quel poderoso manoscritto, io che già ero avvinta dal mito e dalle storie di fondazione, sono stata trascinata in questo mondo primordiale in cui tutto ancora si doveva definire. Mancava l'universo, mancava l'umanità. Una volta creati l'uomo e la donna e moltiplicati i popoli, si doveva ancora comporre l'elemento più prezioso: l'identità. Erano narrate tribù nomadi, senza un dio unico, senza un territorio circoscritto da confini sicuri. Le vicende si dispiegavano nel momento magico in cui abitudini secolari trovavano una struttura nell'etica sociale.

Mio padre, laureato tardivo in Filosofia (riuscì a studiare dopo aver conosciuto mia mamma, che lo appoggiò e andò a lavorare per mantenerlo all'università), dedicava i suoi studi all'ebraico e alla Bibbia – successivamente lavorò come professore in una scuola media – e mi ha lasciato un tesoro immenso: un saggio illuminante che mi ha accompagnata nella scoperta di questi antichi libri così densi di storia e di leggenda. Mi sono resa conto di un'evidenza: la nostra cultura arriva da quei libri che noi non conosciamo quanto dovremmo. Non li studiamo a scuola, non li affrontiamo come meriterebbero, non li leggiamo per diletto: eppure essi sono una preziosa testimonianza del sentire di diversi popoli. Palpitano di storia, di usi, costumi, credenze, sogni, illusioni, successi e disfatte.

Ritrovare i suoi scritti è stato un po' come ritrovare lui, che ho perso da piccola: ero una bambina di sei anni e lui era il mio eroe, la persona che mi stava sempre accanto. Rileggendo le quasi seicento pagine, mi è sembrato di parlare di nuovo con lui, di rivivere i suoi modi scherzosi (aveva un senso dell'ironia molto partenopeo, essendo di quelle zone) ma anche il suo rigore. Ho percepito le affinità tra noi, ma anche le discrasie di due adulti che sicuramente avrebbero disputato su diverse questioni. Lui così dotto, io così curiosa. Lui riflessivo, io irruente. Lui fervente cattolico, io miscredente. Quanti argomenti avremmo potuto affrontare assieme, quanti confronti costruttivi, quante domande gli avrei potuto rivolgere! In realtà ad alcune mi ha risposto con le sue pagine. Pagine che per me sono state il punto di partenza, assieme ad altri saggi, di un nuovo progetto, quello delle donne nella Bibbia. Donne talvolta ignorate, non contemplate, addirittura non nominate, come la moglie di Noè. Donne che avevano *in primis* la funzione di procreare e, se non la assolvevano, si sentivano frustrate, inutili, sbagliate. Avrei voluto abbracciare e rincuorare molte di loro, troppe pensavano che avrebbero trovato compimento soltanto attraverso gli occhi di un uomo. Una donna sola non aveva spazio nella società di Israele di un tempo, tant'è, ad esempio, che la legge del levirato prevedeva che una vedova, per sopravvivere e ricevere sostentamento, si sposasse col fratello del marito. Per non parlare del potere, che in pochissime e in misura infinitesimale, per una serie fortuita di coincidenze, si ritrovavano a gestire (Giuditta, ad esempio, ma la sua storia è accolta soltanto dal canone cattolico e ortodosso, mentre viene considerata apocrifa da quello protestante ed ebraico). Ma non era un limite della civiltà giudaica, bensì del mondo antico per esteso. Del resto «la Bibbia è un universo», ha dichiarato la professoressa Benedetta Rossi, citando Calvino e presentando il suo libro a sei mani sulle profetesse.[1] Vigeva una mentalità che ci ha accompagnato per tutto il Medioevo, fino a svecchiarsi in parte solo nel Novecento, e non ovunque. Come ha scritto la storica e teologa Adriana Valerio: «Le tre inferiorità – fisiologica, morale e giuridica – che hanno costituito nei secoli la condizione femminile, hanno tratto argomentazione, oltre da alcune correnti della filosofia greca e da specifiche indicazioni della giurisdizione romana, anche, e soprattutto, da alcuni brani tratti dai testi bi-

[1] Irmtraud Fischer, L. Juliana Claassens, Benedetta Rossi, *Profezia. La voce autorevole delle donne*, Il pozzo di Giacobbe, Trapani 2022.

blici, scritti e compresi all'interno di culture androcentriche e patriarcali».[2]

Così, animata da passione, studio, volontà di rispettare un libro sacro (e consapevolezza che non l'avrei mai riportato in maniera esaustiva) e soprattutto con tanta buona volontà, ho ripercorso i cammini delle donne qui narrate – ipostasi del cammino del popolo ebraico dagli albori – prendendole per mano, aprendo uno spazio laddove veniva loro sottratto, indovinando un dubbio, un dolore, un desiderio. Ho cercato di attenermi il più possibile al testo originale e l'impalcatura che trovate qui è fedele alla Bibbia ma non completa, del resto il metodo di mantenere come riferimento l'opera di partenza era già stato adottato ne *L'Odissea raccontata da Penelope, Circe, Calipso e le altre* (Solferino, 2020), nell'*Iliade cantata dalle dee* (Solferino, 2024) e, esclusione fatta per la variazione centrale che vede la regina fenicia sostituirsi a Enea, ne *L'Eneide di Didone* (Solferino, 2022).

Cercando di superare l'archetipo di partenza o di agganciarmi a esso, ho ricostruito le singole vite, senza mai scinderle dall'ottica più universale in cui erano collocate. Eva si svincola dal marchio di peccatrice (chi, al suo posto, avrebbe rinunciato ad assaggiare il frutto? Soltanto un soggetto dotato di scarsa apertura verso il creato, nei confronti del quale, alla fine, la sua trasgressione si può inquadrare come un atto d'amore), Miriam trova compimento non nel matrimonio, ma nel

[2] Adriana Valerio, *Le ribelli di Dio. Donne e Bibbia tra mito e storia*, Feltrinelli, Milano 2014.

celibato – e questo in un contesto in cui la conferma nuziale è considerata la gloria della donna. Ci sono spose costrette ad accettare i recinti in cui sono state confinate, come Sara. O altre che tendono per tutta la vita le mani verso un miraggio che non potranno mai toccare, come Micol. Tranne rare eccezioni, le donne sanno che sono intercambiabili, che possono essere sostituite da un momento all'altro e l'harem (uso la parola per esteso, anche se ricordiamo che è un termine arabo), questo spazio conclamato in cui il sovrano poteva scegliere ogni sera quella che più lo stuzzicava, è il luogo privilegiato in cui il corpo della donna si reifica. Del resto la poligamia era praticata: oltre a David, le cui doti di amatore avete già conosciuto nel capitolo di Micol, vanno annoverati Roboamo, con le sue diciotto mogli e sessanta concubine, Abia, che prese quattordici mogli, e Salomone, che superò tutti i suoi predecessori e successori con le sue settecento principesse consorti e le trecento concubine.

Non appagate, anelanti, obbedienti, spesso usate, le donne accettavano la disuguaglianza imposta – mentre sul campo di battaglia imperversano gli eserciti (di maschi) e incombeva la minaccia di un pericolo – e nel chiuso dei villaggi si srotolava la loro vita vera, fatta di quotidianità, carestie, gravidanze, parti, difficoltà. Esse subivano ogni sorte preparandosi al peggio, vale a dire la schiavitù o la morte. Ogni tanto emergono le vere dissidenti quali Giuditta e splendono di una luce struggente.

La Bibbia, essendo il frutto di innumerevoli stratificazioni di tradizioni orali e scritte, contiene qualche inevitabile errore. Ad esempio, Nabucodonosor viene definito re degli assiri, quando invece storicamente era sovrano dei babilonesi. Le poche volte che è accaduto e che ho riportato il passo, ho preferito intervenire con sostituzioni. Altre volte ho inserito una variazione, come ad esempio quando nella Bibbia si parla dei dodici figli di Giacobbe, è perché Dina non viene presa in considerazione nella numerazione. Io invece l'ho inclusa, per questo leggerete che Beniamino è il *tredicesimo* figlio.

Qualche volta mi sono concessa piccole licenze narrative, come ad esempio quando Miriam affronta con Dio un dialogo che sarebbe invece riservato a Mosè. Nel caso di Lia, che nella Genesi muore prima di Giacobbe, ho posticipato la sua morte per farle concludere il racconto della storia dei patriarchi. Rispetto a Micol, nel testo sacro gli esegeti hanno individuato una contraddizione: in 2 Samuele, 6,22-23 si dice che non ebbe figli fino al giorno della sua morte, mentre in 2 Samuele 21,8, le vengono conteggiati cinque figli. Visto che la Bibbia abbonda di prole, ho optato per la prima versione. Ho reso questa donna incarnazione dell'innamorata di un uomo ideale e sfuggente perché, come ha fatto notare Roberto Calasso,[3] lei è l'unica, in tutte queste pagine, in cui il narratore utilizza il verbo «amare» in riferimento a una donna. Ho scelto per lei il riscatto, ma la Bibbia non ci dice nulla di questo.

Nel capitolo di Giuditta, Emeth è un nome inventato, nel testo biblico si parla di lei soltanto come «l'an-

[3] Roberto Calasso, *Il libro di tutti i libri*, Adelphi, Milano 2019.

cella». Ho fantasticato sulla relazione tra padrona e schiava, ma tra le due dovette intercorrere un legame molto solido e forte, visto che attraversarono assieme i momenti più rischiosi di un'impresa eroica, dove tra l'altro i condottieri virili fanno una pessima figura.

Susanna assurge a simbolo delle vittime di molestie che crollano a seguito di una tentata violenza. Donne incolpate, soffocate dalla vittimizzazione secondaria, dai sensi di colpa, dalla tendenza a prevaricare tipica di una società impostata sulla prerogativa maschile, dove il corpo della donna aveva una duplice funzione: procurare piacere ai maschi e soprattutto procreare. Il desiderio della donna non era minimamente contemplato, anzi: con l'andare dei secoli verrà palesemente condannato. È vero che la figura di Susanna venne riscattata grazie all'intervento del profeta Daniele, così come è vero che lo stesso Gesù salvò la fedifraga che stava per essere lapidata: nobili esempi, indice di un pensiero rivoluzionario, che però non furono poi così emulati.

Per quanto riguarda Maria di Magdala detta Maddalena, ho seguito soprattutto il Vangelo di Luca e non ho accolto la versione di alcuni scritti apocrifi che la qualificano come moglie di Gesù. Ho invece ripreso la tesi di alcuni frammenti trovati tra i Codici di Naq Hammadi, secondo cui «Cristo la amava più di tutti gli altri discepoli e soleva spesso darle dei baci». La pratica dei baci in bocca è stata confermata anche dal Vangelo gnostico di Filippo e dalle Epistole di Paolo e Pietro, del resto erano espressione di comunione e fratellanza, non di effusione erotica, e prova ne è che, nella Seconda Apocalisse di Giacomo, l'apostolo afferma che Gesù lo aveva baciato sulla bocca. Del resto, il ruolo di Maria di Magdala è rilevantissimo, come conferma Marinella Perroni: «Una cosa comunque è certa: Pietro non c'è sotto la croce. Maria sì. Né Pietro o qualcuno dei Dodici assiste alla sepoltura del Maestro o è al sepolcro al mattino di Pasqua. Maria e le altre discepole, sì».[4]

Le figure femminili della Bibbia non sono statiche, anzi: agiscono. come Miriam, che protegge il fratello (quindi le sorti del popolo ebraico), danza, intona inni, impugna il tamburello, migra. Alcune attendono, consigliano, altre attingono acqua al pozzo (il pozzo, all'epoca, era un succulento luogo di incontri), aggiustano le mosse sconsiderate dei mariti, come Abigail.

All'interno di una visione declinata al maschile, si leggono passaggi in cui la presenza delle donne è vivida. Alcune volte si piegano al contesto, ma altre lo valicano in nome della loro affermazione (in tempi in cui la stessa suonava come una blasfemia). Per questo ho pensato di raccontarvele, perché non ha senso inseguire prospettive più paritarie se non ci disarcioniamo da una narrazione ritenuta patriarcale. E poi le loro vicende sono bellissime, molto più vicine a noi di quanto crediamo.

Luigino Bruni ha dichiarato, a proposito, che la Bibbia «è cosciente delle specifiche virtù delle donne» eppure «sa che il mondo che descrive non è stato capa-

[4] Marinella Perroni, Cristina Simonelli, *Maria di Magdala*, Aracne, Ariccia 2016.

ce di conoscere e rispettare il loro talento, di chiamarle per nome e dare loro pari diritti e dignità».[5]

Alcuni casi – come quello di Tamar,[6] costretta a fingersi una prostituta – sono stati inglobati nelle narrazioni delle protagoniste, come omaggio alla cultura orale tanto fondante nel passato. Queste vengono strette nel pugno di una società dove sono gli uomini a decidere, conquistare, pregare, pascolare, combattere, stuprare e via dicendo.

Non c'è inoltre spazio per troppa dissidenza, per una personalità eccessiva: basti pensare a Gezabele che viene considerata malvagia, poi due volte eliminata, la prima quando subisce una defenestrazione, la seconda quando viene permesso ai cani di straziare il suo cadavere, che sarebbe poi diventato concime.

Le donne rimangono spesso ai margini, eppure hanno un ruolo significativo nell'economia di un testo religioso. Accade poi che «la loro presenza sia nel migliore dei casi implicitamente sottintesa», per dirla con le parole di Irmtraud Fischer,[7] che sottolinea anche quanto la storia cristiana delle origini si basi sui dodici apostoli, delle cui mogli non ci è stato tramandato nulla.

Per capire tutto questo dobbiamo superare i limi-

[5] Luigino Bruni, *Le donne nascoste della Bibbia*, AnimaMundi Edizioni, Otranto 2020.

[6] Tamar di Giuda non è la nuora di David. Talvolta i nomi si ripetono, ma si tratta di persone diverse. Il Giuda della Tamar sopra citata non è l'apostolo di Gesù e la Susanna che qui racconto visse sei secoli prima della Susanna discepola di Gesù.

[7] Irmtraud Fischer, *Donne che lottano con Dio*, Morcelliana, Brescia 2022.

ti che il tempo ci ha imposto, come ha suggerito mio padre nell'incipit del suo poderoso lavoro di esegesi, e accogliere la narrazione nella sua totalità. Svestiti di qualsiasi atteggiamento polemico, non possiamo che porci in una condizione di comprensione e di maieutica nei confronti di un libro antichissimo, ricco di storia ma anche epico, istruttivo ma anche capace di affabulare, dove, per dirla con le parole di mio padre, «si mira unicamente a diffondere amore, carità e speranza, e a ridurre le ampie zone di aridità che affliggono il cuore dell'uomo».[8]

[8] Manoscritto di Matteo Oliva, p. 4.

Indice

GRAFICA VENETA
CARBON NEUTRAL

Questo libro è stampato fabbricato da Grafica Veneta S.p.A.
con un processo di stampa e rilegatura certificato 100% carbon neutral
in accordo con PAS 2060 BSI

Finito di stampare nel mese di novembre 2024
per conto di RCS MediaGroup S.p.A.
da Grafica Veneta S.p.A., Via Malcanton 2, Trebaseleghe (PD)
Printed in Italy